LA
JERUSALEM DELIVRÉE.

TOME SECOND.

©

LA

JÉRUSALEM DÉLIVRÉE,

EN VERS FRANÇAIS.

PAR L. P. M. F. BAOUR-LORMIAN.

TOME SECOND.

A PARIS,

Chez { L'Auteur, rue du Mail, maison de Portugal, n°. 22.
Maradan, Libraire, rue du Cimetière-André-des-Arts, n°. 9.

AN IV. [1796 ère vulgaire.

LA JÉRUSALEM DÉLIVRÉE.

CHANT ONZIÈME.

SOMMAIRE

DU CHANT ONZIÈME.

Bouillon et ses guerriers offrent un sacrifice à l'Eternel. Combat des deux armées. Godefroi est blessé, et le ciel qui veille sur ses jours envoie un ange pour le guérir. Il retourne à l'assaut, et sa présence fait pencher la victoire du côté de ses guerriers, que les infidèles avaient déjà repoussés. La nuit sépare les combattans.

LA JÉRUSALEM DÉLIVRÉE.

CHANT ONZIÈME.

Bouillon, tout occupé de l'assaut qu'il médite,
De ses braves guerriers encourage l'élite,
Fait construire des tours, poursuivre les travaux,
Et toujours plus actif se refuse au repos.

Tandis qu'il s'abandonne à l'ardeur qui l'anime,
Pierre l'aborde un jour.... « Tu menaces Solime,
» Lui dit-il : tes soldats, formant les mêmes vœux,
» Brûlent de s'avancer sur tes pas glorieux ;
» Mais leur zèle, Seigneur, n'assure point la gloire.....
» Si tu veux obtenir une prompte victoire,
» De l'arbitre éternel sollicite l'appui :
» Il saura l'accorder à qui s'arme pour lui.
» Que les prêtres parés de leurs thiares saintes,
» Elèvent jusqu'à lui leur hommage et leurs craintes ;
» Puis, vole sans retard à de nouveaux exploits.

« — Mortel religieux, j'obéis à ta voix :
» Ordonne ; que faut-i'?.... — Punir enfin le crime,
» Au courroux d'un tyran arracher sa victime :
» Ces conseils...— de mon cœur qu'ils savent émouvoir
» Entretiennent l'audace et nourrissent l'espoir.
» Oui, généreux vieillard, le zèle qui t'enflamme,
» Tes austères vertus ont passé dans mon ame ;
» Du ciel en ma faveur implore la bonté....
» Qui dicte ses décrets, doit en être écouté ».
Il dit ; et du héraut la voix accoutumée
Convoque au même instant tous les chefs de l'armée.
Ils accourent.... Bouillon, d'un visage serein,
Leur fait part, en ces mots, de son nouveau dessein.

« Guerriers, dignes amis, protecteurs de nos armes,
» Dont l'intrépidité s'accroît dans les alarmes,
» Vous, qu'un noble motif fixa sous mes drapeaux,
» Enfin vous goûterez le prix de vos travaux.
» Ce colosse effrayant qui pèse sur l'Asie,
» Ce vil accord du crime et de l'hypocrisie,
» Qui blessent dès long-temps nos cœurs et nos regards,
» Vont enfin s'écrouler aux pieds de leurs remparts.
» La foudre cependant gronde encor sur nos têtes ;
» Mais toujours attentifs, nos ressources sont prêtes :
» Nous pourrons pénétrer des plans mal concertés,
» Et des projets détruits aussi-tôt qu'enfantés.

CHANT XI.

» Je sais que les tyrans réunissent leurs forces,
» Qu'ils trompent leurs soldats par de feintes amorces :
» On promet tout alors qu'on ne peut rien tenir....
» Mais ce feu passager doit-il se soutenir ?
» Produit par l'avarice, il sera peu durable ;
» Pensez-vous que, vendus à leur maître exécrable,
» Ces brigands, dont le guide est la soif du butin,
» Pour conserver son trône affrontent le destin ?
» Non, leur propre intérêt est le nœud qui les lie.
» Et par le moindre choc cette troupe affaiblie,
» D'un prince ambitieux quittant les étendards,
» L'exposera sans doute à l'honneur des hazards.
» L'homme, pour résister, doit être sans entraves,
» Et la crainte jamais ne fit que des esclaves.

» Amis, préparons-nous à de plus grands succès ;
» La victoire est constante à suivre les Français....
» Mais avant de briser l'orgueil du diadême,
» Erigeons un trophée à l'arbitre suprême.
» Lui seul tient dans ses mains la gloire et les revers ;
» Lui seul peut de son joug affranchir l'univers.
» D'un triomphe certain offrons-lui les prémices ;
» Nos vœux seront plus purs formés sous ses auspices.
» Disposez vos soldats à ces devoirs pieux ;
» Demain, quand le soleil viendra dorer les cieux,
» Au sommet du Séïr nous irons en silence
» Réclamer les secours de la Toute-Puissance ».

Il dit; et tous les chefs vont d'une égale ardeur,
Des guerriers de Bouillon réveiller la ferveur.

Le jour brillait à peine. L'... ceinte d'opale
Annonçait le retour de l'aube ...ale;
Et déjà les Chrétiens s'arrachant au sommeil,
Dans l'enceinte du camp devancent le soleil.
La marche s'ouvre; on part. Le vénérable Pierre
Porte de ces héros la fameuse bannière.
Le feu de ses beaux ans se rallume en son sein.
Des vieillards revêtus de longs habits de lin,
D'un pas tardif et lent suivent le solitaire,
Des branches de laurier ceignent leur front austère.
Puis Bouillon.... Tous les chefs accompagnent ses pas,
Et sur deux rangs égaux précèdent leurs soldats.
Chacun est pénétré d'une douleur secrète :
L'air ne retentit point des sons de la trompette.
Dans leurs chants, tout respire une humble piété,
Et jusques dans les cieux le bruit en est porté.

Ils t'invoquent, ô toi, Déité tutélaire,
Verbe devenu chair, Fils égal à ton Père !
Et toi, qui par les nœuds d'un éternel amour
Unis la Trinité dans son brillant séjour !
Vous, légions d'esprits, substances immortelles,
Des ordres du Très-Haut interprètes fidelles !

CHANT XI.

Et toi, qui dans les eaux du rapide Jourdain
Lavas la pureté de cet Homme divin,
Dont le sang répandu sur un arbre funeste
Ouvrit à ses enfans la demeure céleste :
Vous enfin, qui, bravant un trépas glorieux,
Du milieu des tourmens volâtes dans les cieux !

Des chants de ces guerriers telle était l'harmonie,
Et l'aspect imposant de leur cérémonie :
On eût dit que le ciel, sensible à leurs accords,
D'une clarté plus pure embellissait ces bords.
Cependant sur ce mont qui, voisin de Solime,
Elève à l'Orient son orgueilleuse cime,
Ils montent : et bientôt de ces hymnes divins
Ils éveillent les bois et les échos voisins.

« Toi, qui vois du sommet de ta sphère inconnue,
» Fluctuer sous tes pieds tant de mondes épars,
» Abaisse jusqu'à nous ton immortelle vue,
    » Et protége nos étendards.

» Assis dans l'empirée, au centre de l'espace,
» Seul tu braves du temps le sceptre redouté ;
» Sous ses rapides pas la nature s'efface,
    » Et se perd dans l'éternité.

» Un seul de tes regards fit jaillir la lumière ;
» A ta voix le mortel s'échappa du néant,

» Et le soleil lancé dans sa vaste carrière
    » Roule sur un char éclatant.

» Ta main creusant l'abime où reposaient les mondes
» Fit nager l'univers dans des flots de clarté,
» Et de l'astre plus doux qui soulève les ondes
    » Arrondit le globe argenté.

» L'homme que tu créas adore ta clémence;
» Il suit, sans les sonder, tes augustes décrets:
» Ton souffle l'anima; mais son indépendance
    » Est le plus grand de tes bienfaits.

» O Dieu conservateur! veille sur ton ouvrage;
» Si nos bras sont armés pour défendre tes droits,
» Allume dans nos cœurs la flamme du courage,
    » Etends l'empire de nos lois ».

Les vallons, les rochers, les grottes solitaires
Répètent tour à tour ces sublimes prières.
L'infidèle étonné, du haut de ses remparts
Laisse tomber sur eux ses avides regards;
Il contemple ces rits, cette pompe inconnue....
Bientôt de ses clameurs il dechire la nue,
Prodigue le blasphême, et l'écho des forêts
Prolonge avec ses cris les concerts des Français.

CHANT XI.

Il lance au loin des dards.... Mais la troupe tranquille
D'un pas majestueux regagne son asyle.
A peine de retour, le pieux général
Invite les héros à son repas frugal :
On s'assied.... Quand on a, par cette nourriture,
Satisfait aux besoins qu'impose la nature,
Bouillon instruit les chefs de ses desseins secrets.
« Demain, dès que le jour fera voler ses traits,
» Marchons tous à Solime, et que l'assaut décide
» Qui doit vaincre, ou de nous, ou d'un prince perfide ;
» Et pour mieux acquitter nos vœux et nos sermens,
» A de nouveaux apprêts consacrons ces momens ».
On se sépare alors ; et chacun en silence
Court vaquer à des soins qu'allège l'espérance.

Bientôt le blond Phébus aux bords de l'occident
Précipite sa course et son char moins ardent.
Le repos, le travail, les utiles pensées
Ont partagé du jour les heures éclipsées ;
Et la nuit ramenant le calme et les zéphyrs,
Verse du haut des cieux ses liquides saphirs :
Les chefs et les soldats, que la fatigue accable,
Vont chercher sous leur tente un sommeil agréable.

La mère de Memnon sortant de son palais,
Des filles du matin épurait les attraits,

Et répandant par-tout sa céleste ambroisie,
Rendait à l'univers la fraîcheur et la vie;
Le bœuf, d'un pas tardif, pressé par l'aiguillon,
Ne traçait point encore un pénible sillon;
Les oiseaux assoupis ne chantaient point encore
Leurs paisibles amours ni les feux de l'aurore,
Quand soudain la trompette éveille les soldats,
Et de ses sons perçans appelle les combats.

GODEFROI dédaignant une vaine parure,
Ne veut point se couvrir de sa pompeuse armure;
D'un simple fantassin il revêt les habits,
Et ne ceint point son casque émaillé de rubis.
Mais il garde son glaive, et sortant de sa tente,
Il va joindre aussi-tôt l'armée impatiente,
Quand Raymond le surprend et lui tient ce discours:
« L'amitié, Godefroi, s'explique sans détours.
» Sous ce frêle rempart j'ai peine à reconnaître
» D'un peuple de héros et le guide et le maître:
» Du dernier des soldats réclames-tu les droits?
» Va, laisse-leur tenter de vulgaires exploits.
» Et pourquoi déposer ta solide cuirasse?
» Pourquoi t'abandonner à toute ton audace?
» Le crime et la vertu sont les jouets du sort;
» Il suffit d'un revers pour échouer au port.
» Tes jours sont-ils à toi? Non, ils nous appartiennent:

CHANT XI.

» L'espoir de nos soldats, les succès qu'ils obtiennent,
» Tout est fondé sur eux. T'exposer aujourd'hui,
» N'est-ce pas nous priver de notre unique appui ?
» Trop généreux guerrier ! couvre-toi de tes armes,
» Et d'un camp inquiet appaise les alarmes !

— » Fidèle et sage ami ! tu connais mal Bouillon.
» Quand Urbain me ceignit cette épée à Clermon,
» Je jurai de braver les périls de la guerre
» Avec tous les Français rangés sous ma bannière.
» Je n'étais que leur chef ; mais jusqu'à ce moment
» Je crois avoir tenu mon auguste serment.
» Je le tiendrai toujours.... Si, depuis, votre estime
» Remit entre mes mains un pouvoir légitime,
» Dois-je moins aspirer aux palmes du soldat ?
» Irai-je de mon rang avilir tout l'éclat ?
» Irai-je, loin des murs d'une cité rebelle,
» Imprimer à mon nom une tache éternelle ?
» Ah ! si je dois périr, ce sera près de toi,
» Aux yeux de ce héros, dont j'ai reçu la foi ».
Il dit. Les chevaliers, les chefs et ses deux frères,
Revêtent comme lui des armures légères.

Cependant l'infidèle occupe les remparts ;
Il rassemble, il unit ses bataillons épars.
Les femmes, les enfans, troupe faible et timide,

Partagent les travaux de la foule intrépide.
Ils fournissent aux uns des piques et des traits,
A d'autres des cailloux et du bitume épais.
Sur le haut du rempart, tel qu'un géant terrible,
Le Sultan aux Chrétiens montre un front invincible;
Plus loin, Argant s'élève au-dessus des créneaux,
Comme un vaste rocher qui domine les flots.
Au faîte d'une tour, de carnage affamée,
Clorinde s'est assise, et plane sur l'armée;
Un arc est dans ses mains. Déjà le trait fatal
Repose sur la corde et n'attend qu'un signal.
La fureur fait rouler les yeux de l'amazone:
Telle on voyait jadis la fille de Latone,
Lançant du haut des airs ses dards et le trépas.

Le vieux monarque, à pied, traîne par-tout ses pas.
Il monte sur les murs, fait étayer les portes,
Distribue avec art ses nombreuses cohortes,
Visite de nouveau ce qu'il a déjà vu.....
Par ses soins vigilans bientôt tout est prévu.
Les femmes cependant invoquent leur Prophète;
« O puissant Mahomet! écarte la tempête,
» Signale ton courroux, renverse ces brigands,
» Que sous nos murs sacrés ils tombent expirans »!
Vains souhaits! l'imposteur, objet de leur hommage,
Des gouffres de l'enfer n'entend point ce langage.

CHANT XI.

L'ingénieux Bouillon fait mouvoir ses guerriers;
Au centre de l'armée il place des béliers:
Tout s'ébranle à sa voix, et le combat commence.
Alors, en traits de feu la mort vole et s'élance;
Le ciel est obscurci d'un nuage de dards....
Déjà moins de guerriers protègent les remparts.
Toujours impétueux, le Français magnanime
Court et porte ses pas jusqu'aux pieds de Solime;
Il arrive au fossé qu'il tente de combler.
De toutes parts soudain on le voit rassembler
Des troncs d'arbres, des rocs, et d'énormes fascines.
Adraste, le premier, monte sur ces ruines....
Le bitume bouillant qui pleut du haut des murs,
Les cailloux monstrueux et les vases impures
Qui vomissent sur lui leurs ondes allumées,
Rien ne peut l'arrêter..... Ses forces ranimées
Par l'excès du péril, croissent à chaque instant....
Il touchait aux créneaux.... Mais le farouche Argant
Fait tomber sur son casque une homicide pierre....
Le héros pâlissant va mesurer la terre;
Le coup n'est point mortel.... Mais il est renversé.

« Par quel audacieux sera-t-il remplacé?
» S'écrie Argant. Chrétiens, approchez de Solime,
» Venez voir si le ciel prend le parti du crime.
» Je ne me cache point... Pour vous, sous des béliers,
» Sous de fragiles tours et de vains boucliers

» Dérobez votre tête au coup qui la menace.....
» Allez; la lâcheté convient à la disgrace ».

Ses insolens discours irritent les Chrétiens....
Toujours ingénieux dans le choix des moyens,
Ils roulent près des murs leurs machines guerrières.
Sous cent bras aguerris des poutres meurtrières
Ebranlent à la fois les portes de Sion :
On n'entend que les cris de la confusion.
La brèche s'agrandit ; le païen multiplie
Les ressources de l'art, celles de l'industrie.
Il oppose la laine au fatal instrument.
Cette matière molle, et qui cède aisément,
Trompe, amortit les coups des sanglantes machines...
On s'attache aux créneaux, on sape les courtines,
Et d'une même ardeur, attaqués, garantis,
Les remparts sont baignés du sang des deux partis.
D'armes et de débris les fossés se remplissent,
De confuses clameurs les vallons retentissent,
Et la haine entretient l'effort des combattans.

CLORINDE a par sept fois frappé les assiégeans,
Sept fois son arc tendu, d'une atteinte subite
A percé des Chrétiens la courageuse élite.
Guillaume, Palamède, Obison, Algazar,
Expirent tour à tour. L'imprudent Adhemar

CHANT XI.

Qui contemplait de loin la scène du carnage,
Chancèle, et la pâleur s'étend sur son visage.

CEPENDANT Godefroi, par de nouveaux renforts,
Des soldats d'Aladin balance les efforts.
Une mobile tour qui recèle la foudre,
Roule sur son essieu parmi des flots de poudre ;
Son énorme hauteur surpasse les créneaux ;
Le faîte est hérissé d'armes et de héros ;
Les pierres et les traits cachés dans ses entrailles,
Avec un bruit affreux pleuvent sur les murailles.
Bientôt leurs défenseurs, sanglans et dispersés,
Tombent de leurs remparts l'un sur l'autre entassés :
Telles des aquilons les bruyantes haleines
De feuilles et de fruits jonchent toutes les plaines :
Tel encor, que l'été vient jaunir les guérets,
Le moissonneur abat les trésors de Cérès.

TOUT fuit... Mais le tyran qui régnait sur Nicée
Les rallie et soutient leur audace émoussée.
Armé d'une solive, il éloigne la tour...
Par différens béliers ébranlé tour à tour,
Malgré son épaisseur le mur bientôt s'entr'ouvre,
Il vacille, se fend, et son sein se découvre.
Bouillon à cet aspect saisit son bouclier,
Il marche, et se tournant vers le brave Sigier :

« Il est temps de céder au transport qui m'anime,
» Il est temps de gravir les remparts de Solime;
» Cher ami, donne-moi cette lance et ce fer... »

Il dit; mais aussi-tôt plus prompte que l'éclair,
Une flèche l'atteint... sa jambe est déchirée;
Les nerfs sont désunis par la pointe acérée...
O Clorinde! ce coup est parti de tes mains!
Tu fis couler le sang du premier des humains.
Peut-être que sans toi cette illustre journée
Eût des Sarrasins fixé la destinée.

Le héros quelque temps maîtrise la douleur,
Elle n'étouffe point sa brûlante valeur;
Mais de nouveaux efforts nigrissent sa blessure;
Il cède en murmurant au cri de la nature.
Le frère de Berthold se présente à ses yeux...
« Guelfe, dit-il, je pars. Toi, commande en ces lieux;
» Je suis blessé... le sort est jaloux de ma gloire:
» Par tes sages conseils décide la victoire ».

A ces mots, vers le camp il dirige ses pas.
Son absence a changé la face des combats.
Des Français tout à coup l'audace diminue,
Une crainte subite en leurs sens parvenue
Enerve leur courage, arrête leurs progrès:
A peine de leurs mains il part de faibles traits;

CHANT XI.

Ce ne sont déjà plus ces vigoureux athlètes,
Et des sons moins guerriers animent leurs trompettes.

Mais le vil Sarrazin recouvrant sa fierté,
Reparaît sur les murs qu'il avait déserté.
Soutenu par l'espoir, l'amour de la patrie,
Lance des feux nouveaux dans son ame attendrie.
Une grêle de dards tombe sur les Chrétiens;
Ils perdent à la fois leurs plus vaillans soutiens.
Au milieu de leurs rangs, la mort pâle et livide
Aiguise le tranchant de sa faux homicide.
Par un énorme roc Eustache est renversé;
Guelfe tombe sanglant sur les bords du fossé.

Argant, qu'enorgueillit les succès de ses armes,
Argant qui ne sourit qu'au milieu des alarmes,
S'abandonne à la joie, et par ces mots amers,
Gourmande les Français, insulte à leurs revers;
Il mêle insolemment l'ironie au reproche....

« Ce ne sont point ici les remparts d'Antioche.
» Vous pûtes triompher dans l'ombre de la nuit :
» Elle vous protégea... Mais ce jour qui nous luit,
» Mais ce peuple invincible au défaut du tonnerre,
» D'un troupeau de brigands vont délivrer la terre.
» Approchez... Quoi ! déjà tremblans et fugitifs,
» Vous cédez la victoire à des soldats craintifs?

» Me serais-je attendu que ce feu magnanime
» Vînt s'éteindre et mourir aux portes de Solime ! »

A ces mots il s'élance à travers les débris,
Fond sur les assiégeans étonnés et surpris,
Et crie à Soliman d'une voix de tonnerre :
« Si ton cœur sait braver les dangers de la guerre,
» Et si la renommée a pour toi des appas,
» Soliman, avec moi viens signaler ton bras.
» Cède aux nobles transports dont mon ame est saisie ;
» Ce jour va décider des destins de l'Asie ».
Tel, du vaste sommet d'un mont voisin des cieux,
Roule à longs flots d'écume un torrent furieux ;
Tels les deux Sarrazins, que leur courage entraine,
Avec rapidité descendent dans la plaine.
Ils sèment le désordre, égorgent les guerriers,
Brisent leurs javelots, abattent les coursiers.
Le Sultan offensé d'un défi qui l'outrage,
Veut sur son fier rival conserver l'avantage.
Il marche près de lui sur les corps entassés.
Les soldats de Bouillon éperdus, dispersés,
Se cachent en tremblant sous leurs propres ruines,
Et livrent aux héros leurs sanglantes machines.

Déja leur main saisit des flambeaux dévorans ;
Ils vont joindre la tour sur des tas de mourans.

CHANT XI.

Telles on nous peignait ces déités fatales
Quittant de l'Achéron les voûtes sépulcrales,
Et ceintes de serpens dont les dards venimeux
Distillaient à la fois des poisons et des feux.
Mais l'indompté Tancrède arrête leur furie;
Il ranime des siens la bravoure assoupie;
D'un invincible bras s'oppose à leurs desseins,
Et repousse à son tour ces hardis Sarrazins.

Ainsi des deux côtés la fortune est flottante.
Godefroi cependant est rentré dans sa tente.
Ses fidèles amis accourent près de lui,
Et tâchent d'appaiser ses maux et son ennui.
Mais leurs efforts sont vains, et lui-même il s'essaie
A retirer le dard enfoncé dans sa plaie.
Il veut qu'on ait recours à de plus prompts moyens.
« Rendez-moi, leur dit-il, à mes braves Chrétiens.
» Quelle honte, grand Dieu! si ce jour mémorable
» Me voyait sommeiller dans un repos coupable?
» Que dirait l'univers... et sur-tout Soliman? »

Né près des bords fameux qu'arrose l'Eridan,
Hérotime le soigne et sonde sa blessure;
Il connaît les secours que fournit la nature.
Favori d'Apollon, il eût pu dans ses chants
Célébrer des héros les exploits éclatans;

Mais, amoureux d'un art que le vulgaire ignore,
Il égalait le dieu que vit naître Epidaure.
Armé d'un fer mordant, il ébranle le trait ;
Mais tel fut du hasard le bizarre décret,
Son savoir le trahit, et de ses mains habiles
Il tente vainement des efforts inutiles.

Enfin l'ange commis au destin de Bouillon
Modère ses douleurs et son affliction.
De ses jours précieux il conserve la trame,
Et sur le mont Ida va cueillir le dictame ;
La pourpre la plus pure en colore la fleur.
Quand le cerf est blessé par l'avide chasseur,
Et que son flanc recèle une atteinte funeste,
L'instinct lui fait trouver cette plante céleste.
Soudain l'ange l'apporte, et son bras assuré
En distille le suc dans le bain préparé.

Hérotime a puisé dans cette eau salutaire.
Il en baigne la plaie.... O prodige !.... ô mystère !....
Une vertu cachée en détache le trait ;
Soudain la douleur fuit et la vigueur renait.
« Ce n'est point, Godefroi, l'effet de ma science ;
» Mais reconnois du ciel l'invisible puissance ».
L'impatient Bouillon saisit son bouclier,
Et revole aux combats couvert d'or et d'acier.

CHANT XI.

L'ennemi l'apperçoit ; il pâlit et frissonne ;
Quoiqu'au sein de ses murs sa force l'abandonne,
A l'aspect du héros les Chrétiens ranimés,
De leur première ardeur se sentent enflammés.
Sous un rempart d'acier Godefroi se présente ;
Trois frois l'air retentit de sa voix menaçante.
Son javelot aigu s'agite en tournoyant ;
Il s'allume et se perd dans l'armure d'Argant.
A ce coup imprévu rien ne peut le soustraire,
Et des flots de son sang il voit rougir la terre ;
Mais sourd à la douleur, l'arrachant de son sein,
Il le lance au guerrier d'une puissante main :
Son espoir est trahi ; la flèche meurtrière
Vole et trace dans l'air une oblique carrière.
Du fidèle Sigier elle perce le cœur.

Loin d'accuser le sort d'une injuste rigueur,
L'infortuné Chrétien bénit sa destinée
Pour un maître chéri dignement terminée.
L'impétueux Bouillon accourt pour le venger :
Ce n'est plus un mortel ; il se rit du danger.
Alors le dieu du jour las d'éclairer le monde,
Précipitait son char au vaste sein de l'onde,
Et déjà dans les cieux, la fille du Chaos
Rembrunissait la plaine et quittait ses cachots ;
Sa ténébreuse horreur termine les alarmes,
Et Bouillon dans son camp va reposer ses armes.

Mille robustes bras unissant leurs efforts,
De son énorme tour font mouvoir les ressorts;
Mais au point de rentrer au sein de son asyle,
Elle penche, et soudain son rouage débile
Qui venait de braver tout le feu des combats,
Se dérobe sous elle, et se brise en éclats.
Tel on voit un vaisseau qui volant sur les ondes
Parcourt avec fierté les pôles des deux mondes,
Qui se joue à la fois des vents et des éclairs,
Echouer près du port, de ses débris couverts.

Telle la tour succombe, et dans son étendue
Offre à l'œil étonné sa masse suspendue.
Alors des travailleurs, par de fermes appuis,
Soutiennent sa carcasse et fixent ses débris.
« Avant que de l'Ether la voûte soit dorée,
» Je veux, dit Godefroi, qu'elle soit réparée »;
Mais du haut des remparts on entend les marteaux,
Et l'ouvrage est trahi par l'éclat des flambeaux.

FIN DU CHANT ONZIÈME.

LA JÉRUSALEM DÉLIVRÉE.

CHANT DOUZIÈME.

SOMMAIRE

DU CHANT DOUZIÈME.

Argant et Clorinde embrasent la tour des Chrétiens. Ils sont découverts et poursuivis. Argant rentre dans Jérusalem, mais Clorinde reste seule au milieu des ennemis. Tandis qu'à la faveur des ombres elle cherche à se perdre dans la foule, Tancrède l'apperçoit et lui propose le combat. Clorinde succombe, et reçoit le baptême des mains du héros. Regrets de cet amant infortuné. Clorinde lui apparaît en songe et calme sa douleur. Trouble que la mort de la guerrière répand dans Jérusalem. Argant rassure les Sarrasins consternés, et fait le serment d'arracher la vie à Tancrède.

CHANT DOUZIÈME.

Les vents dans les forêts suspendaient leur murmure;
Un silence profond enchaînait la nature;
La fille de l'Erèbe enveloppait les airs,
Et son sceptre de plomb pesait sur l'univers.
Toujours plus vigilant, l'infidèle en silence
S'agite au sein de l'ombre, et songe à sa défense;
Il aiguise les dards, il raffermit les tours,
Et des murs ébranlés répare les contours.
Cependant le sommeil vient charmer sa paupière.
Clorinde veille encor. Cette belle guerrière
Ne peut s'abandonner aux douceurs du repos;
Elle parcourt le camp, et presse les travaux.
Argant qui suit ses pas, imite son exemple;
Clorinde avec dépit s'arrête et le contemple....

« Quoi ! dit-elle en secret, ce fier Circassien
» Et le grand Soliman font trembler le Chrétien !
» Ces deux braves guerriers, éloignés de Solime,
» N'ont pas craint d'affronter un trépas magnanime.
» Seuls ils ont dédaigné de fragiles remparts;
» Seuls ils ont rallié nos bataillons épars,

» A travers les débris, sur des tas de ruines,
» Ils ont de l'infidèle embrasé les machines;
» Et moi, lâche témoin de leurs faits glorieux,
» A l'abri de nos murs j'ai combattu loin d'eux !
» Si de légers succès flattèrent mon adresse,
» Peuvent-ils me cacher ma honte et ma faiblesse ?
» Voilà donc les exploits qui peuvent m'abuser !
» Voilà ce qu'une femme en ce jour doit oser !
» Ah ! si mon bras tremblant se refuse à ma gloire,
» Pourquoi donc me montrer aux champs de la victoire ?
» Que ne vais-je percer de mes traits impuissans,
» Les timides oiseaux, les chevreuils bondissans !
» Pourquoi garder encor cette pesante armure ?
» D'un sexe efféminé reprenons la parure,
» Dans le fond d'un sérail, et loin de tous les yeux,
» Tournons un vil fuseau qui me conviendrait mieux ».

 Tels sont les vains discours que lui dicte sa rage....
Enfin un grand projet ranime son courage;
Et s'adressant alors au brave Sarrazin,
Elle explique en ces mots son généreux dessein :
 « Depuis long-temps, Seigneur, d'une importante idée,
» A toute heure, en tous lieux, mon ame est possédée.
» Sans doute un Dieu m'inspire, ou, prompt à le saisir,
» L'homme se fait un dieu de son propre désir.
» Apperçois-tu ces feux qui brillent dans la plaine?
» J'irai là, n'écoutant que l'excès de ma haine,

CHANT XII.

» Le fer dans une main, dans l'autre le flambeau,
» Embraser cette tour, ou creuser mon tombeau.
» Que le ciel à son gré dispose de ma vie;
» Peu m'importe, pourvu qu'il serve ma furie :
» Mais si le sort jaloux s'oppose à mon retour,
» Et si dans ce péril je dois perdre le jour,
» Argant, daigne écouter mon unique prière :
» Je confie à tes soins une tête bien chère,
» Un mortel vertueux, qui dès mes premiers ans
» M'a prodigué toujours ses avis bienfaisans....
» Qu'il revienne en Égypte, où bientôt l'infortune
» Terminera le cours de sa vie importune.
» Son âge, cher ami, te parle en sa faveur;
» C'est là le dernier vœu que prononce mon cœur ».

Elle dit. Le guerrier que ce discours enflamme,
Sent le même desir s'élever dans son ame.
« Quel est donc le mortel qui se serait flatté
» De surpasser Argant en intrépidité?
» Répond-il. Peux-tu croire, indomptable guerrière,
» Que, perdu loin de toi dans la foule vulgaire,
» Tranquille spectateur de tes rares exploits,
» Je perde à ton estime et mon rang et mes droits?
» Je verrais d'un œil sec ces torrens de fumée,
» Cette odieuse tour par tes mains enflammée,
» Et j'aurais à rougir de mon oisiveté,
» D'un projet que toi seule aurais exécuté !

» Non, non, cesse d'avoir une telle espérance,
» Mon cœur avec le tien agit d'intelligence ;
» Et je sais comme toi qu'il est beau d'affronter
» Des périls que l'honneur invite à surmonter.
» Argant qui fut toujours compagnon de la gloire,
» N'ira point d'un soupçon avilir sa mémoire.
» Sa valeur l'autorise à t'offrir son secours,
» Dût-il, en t'imitant, sacrifier ses jours.

» — Argant, n'expose point leur chaîne fortunée,
» Le bonheur de Sion tient à ta destinée.
» Pour moi, si le Prophète ordonne mon trépas,
» Elle n'a pas du moins à regretter mon bras.

» — Tu m'opposes en vain de trompeuses excuses.
» Guides moi.... je te suis.... Ou, si tu me refuses,
» Je vais te prévenir. Je vais seul me charger
» De l'éclatant emploi que tu peux partager ».
L'amazone frémit, et ce n'est qu'avec peine
Qu'elle cède aux desirs de cette ame hautaine.
La honte est sur son front, la rage dans son sein.

Ils se rendent tous deux au palais d'Aladin.
« Seigneur, lui dit Clorinde, approuve notre audace;
» Ce héros par ma voix te demande une grace.
» Il s'engage, il promet d'abattre sous ses coups
» La tour d'où le Chrétien insulte à ton courroux,

CHANT XII.

» Et jamais il ne fit une promesse vaine.
» Je viens briguer l'honneur de seconder sa haine ».

ALADIN attendri, lève les mains aux cieux ;
Les larmes du plaisir s'échappent de ses yeux.
« Grace te soit rendue, ô toi ! dont la clémence
» Jette sur son esclave un œil de complaisance !
» Ton secours généreux va sauver mes états.
» O puissant Mahomet ! ils ne tomberont pas,
» Puisqu'un couple vaillant, aussi pur que fidèle,
» Combat dans ce grand jour pour ta propre querelle.
» Mais vous, dignes amis, quels bienfaits, quels honneurs
» Pourront jamais payer les dettes de nos cœurs ?
» Je vais tout vous devoir, ma gloire, ma couronne,
» Vous allez raffermir les bases de mon trône.
» Heureux, libre par vous, je laisse à vos exploits
» Le soin de m'acquitter de ce que je vous dois ».
Il dit... et dans ses bras tour à tour il les presse ;
La gaîté sur son front succède à la tristesse.

QUAND le fier Soliman, las de dissimuler
Le sentiment jaloux qu'il brûle d'exhaler...
« Non ce n'est pas en vain que j'ai ceint mon épée ;
» Mon attente aujourd'hui ne peut être trompée.
» Je marche sur vos pas... — Et quel est ton espoir ?
» Lui répond l'amazone. Est-il de ton devoir

» D'offrir aux traits du sort une illustre victime ?
» Si tu viens avec nous, qui défendra Solime » ?

Argant lui préparait un refus plus altier...
Mais Aladin prévient ce farouche guerrier.
« Arrête, Soliman... je connais ton courage,
» Et tu n'as pas besoin d'en prodiguer l'usage.
» Il faut, pour rassurer mon peuple épouvanté,
» Qu'il reste dans ses murs un guerrier indompté.
» Je ne permettrais pas que ce couple héroïque
» Fût sceller de son sang la sûreté publique,
» Si je pouvais remettre à des bras éprouvés
» Des desseins qui par eux doivent être achevés ;
» Ils vont se dévouer pour la cause commune.
» Daignent les immortels veiller sur leur fortune !
» Toi, Soliman, tu dois aux soins de ta grandeur
» De modérer encor ta fougueuse valeur.
» Aujourd'hui sur ta foi Solime se repose ;
» Pour un second assaut déjà tout se dispose.
» Alors (et j'en conçois le doux pressentiment)
» Le Chrétien connoîtra son fol aveuglement.
» Sous tes illustres coups il mordra la poussière,
» Et de nouveaux lauriers sèmeront ta carrière ».

Il se tait ; le respect enchaîne le héros.
« Amis, allez goûter les douceurs du repos,

CHANT XII.

» Dit Ismen ; attendez que sur son char d'ébène
» La nuit ait assoupi cette secte inhumaine ;
» Elle n'est pas encore au milieu de son cours....
» Moi, je vais travailler à défendre vos jours ».
On cède à son avis ; les guerriers se retirent,
Et hâtent par leurs vœux le moment qu'ils desirent.

Clorinde a dépouillé son casque étincelant
Et ses pompeux habits tissus d'or et d'argent :
Elle dépose encor sa lance redoutable,
Et revêt (ô présage, hélas trop véritable)!
Un casque sans panache, une armure d'acier,
Et suspend une épée à son noir baudrier.

Auprès d'elle est Arsès ; Arsès dont la tendresse
Veilla sur son enfance, et guida sa jeunesse.
Malgré le poids des ans il la suit en tous lieux.
Ce fatal appareil, ce front silencieux,
Dans son sein alarmé jettent la défiance ;
Les yeux mouillés de pleurs il la sert en silence.

« Cruelle! lui dit-il, votre cœur indompté
» Ne fut jamais sensible à ma fidélité.
» J'ai tout quitté pour vous ; et, loin de ma patrie,
» Par l'excès du malheur mon ame s'est flétrie.
» Que deviendrais-je, hélas ! si le sort rigoureux
» Tranchait de vos beaux jours le tissu précieux ?

» Au déclin de mes ans où trouver un asyle?
» En quels climats traîner ma vieillesse inutile?
» Que faire de la vie, alors que la douleur
» Pour jamais loin de moi chassera le bonheur?
» Mais si de votre Arsès vous bravez les alarmes,
» Si vous le condamnez à d'éternelles larmes,
» Et si vous résistez aux cris de la pitié,
» Apprenez un secret qui me fut confié.
» Je vais vous dévoiler cet étonnant mystère,
» Et puis, si vous l'osez, suivez votre colère.

» SENAPE commandait à ces vastes états,
» Où jamais l'aquilon ne porta les frimats;
» Il voyait sous ses lois l'heureuse Éthiopie,
» Lieux charmans, bords chéris, où je reçus la vie.
» Son peuple ainsi que lui méprisant les faux dieux,
» N'offrait qu'à l'Eternel son hommage et ses vœux.

» ESCLAVE et musulman, ma triste destinée
» A des emplois obscurs languissait condamnée.
» J'habitais le palais, séjour des souverains,
» Et mon bras s'occupait à soigner les jardins.
» Le hasard me plaça bientôt près de la reine.
» Quoique son jeune front eut le noir de l'ébène,
» Elle n'était pas moins d'une rare beauté,
» Et chacun de ses traits respirait la bonté.

CHANT XII.

» Sénape l'adorait : mais son ame enivrée,
» D'un sentiment perfide en secret dévorée,
» Nourrissait dès long-temps ce funeste poison ;
» Il déchirait son cœur, il troublait sa raison.
» Un jour, enfin, cédant à sa flamme jalouse,
» Aux regards des mortels il cache son épouse.
» Dans le coupable excès d'un délire fatal,
» Il craignait même encor d'avoir Dieu pour rival :
» Mais la reine pardonne à son inquiétude;
» Elle fait son bonheur et son unique étude
» De plaire à son époux ; et, loin de tous les yeux,
» Elle quitte sans peine un monde dangereux.

» Sur de riches lambris une histoire tracée
» Egayait ses loisirs, et charmait sa pensée;
» Sous son mâle pinceau, l'artiste ingénieux
» Paraissait animer un dragon furieux :
» Près de lui, sur le roc, une fille enchaînée
» A son affreux courroux était abandonnée ;
» Et malgré sa frayeur, les roses et les lis
» Formaient de son beau teint le touchant coloris.
» Plus loin, sur un coursier un jeune homme intrépide
» Atteignait le serpent d'une flèche homicide ;
» Le monstre dans son sang nageait en mugissant,
» Et lançait contre lui son venin impuissant.
» C'est devant ce tableau que la reine abattue
» Déplorait les erreurs de son ame ingénue.

» Elle portait alors un gage précieux
» De l'amour d'un époux, hélas! bien rigoureux.
» Cet enfant, c'était vous.... Dès que vous fûtes née,
» Vous coûtâtes des pleurs à cette infortunée.
» La plus vive blancheur embellissait vos traits:
» Votre mère soupire en voyant tant d'attraits;
» Elle craint du tyran la sombre jalousie:
» A mon zèle connu son amour vous confie.
» Combien de fois, grands dieux! vous serrant dans ses bras,
» Elle baigna de pleurs vos innocens appas!

» Qui peindrait sa douleur!... Quelles furent ses craintes!
» A l'Arbitre du monde elle adressa ces plaintes....
» Toi, dont l'œil, du sommet des célestes parvis,
» Eclaire de nos cœurs les tortueux replis,
» Si le mien toujours pur mérita ta clémence,
» Si le crime n'a point souillé mon existence....
» Ah! je n'implore plus des bienfaits aussi doux,
» Mes fautes ont souvent allumé ton courroux;
» Mais, veille sur le fruit d'une flamme bien chère;
» Veille sur cet enfant que le destin contraire
» Arrache malgré moi de ce sein maternel;
» Qu'elle vive soumise à ton culte immortel;
» Et qu'en d'autres climats, paisible et fortunée,
» Des roses du bonheur elle soit couronnée!

» Et toi, divin guerrier, dont le fer généreux

CHANT XII.

» Put ravir une vierge à ce trépas affreux,
» Si sans cesse à tes pieds j'honorai ton image,
» Si je t'ai dû cent fois ma force et mon courage,
» Sois l'appui de ma fille au milieu des dangers ;
» Guide ses pas errans sous des cieux étrangers....

» Dans ma main, à ces mots, sa faible main s'enlace ;
» Elle tombe, et la mort la roidit et la glace.
» Cependant j'obéis à ses derniers accens.
» Sans témoins, sans secours, dans mes bras je vous prends ;
» Et, sortant à jamais d'un palais que j'abhorre,
» Je fuis loin de ces lieux à la naissante aurore.
» Nul mortel, nul ami ne connut mon projet.
» Un jour je traversais une sombre forêt ;
» Une horrible tigresse à la gueule béante
» S'approche, et dans mon sein fait naître l'épouvante.
» Le dirai-je, Clorinde ? En ce fatal moment
» Ne songeant qu'à mes jours, j'oubliai mon serment.
» Ma main vous déposa sur la fraîche verdure,
» Et je courus chercher une retraite sûre.
» Le monstre près de vous s'arrête quelque temps ;
» Il roule avec fureur des regards menaçans...
» O de nos justes dieux bienfait inestimable !
» Leur pouvoir tempéra sa rage insatiable.
» Sa langue radoucie erre sur votre corps ;
» Il semble partager vos innocens transports.

» Bientôt à votre bouche il offre ses mamelles,
» Le feu n'enflamme plus ses ardentes prunelles;
» Vous paraissez sourire et presser de vos mains
» La source qui nourrit des tigres inhumains.

» CEPENDANT l'animal qui vous voit satisfaite,
» Fuit et rassure enfin ma tendresse inquiète.
» De retour, je reprends mon précieux fardeau,
» Et loin de la forêt je marche de nouveau.
» Enfin je m'arrêtai dans un obscur village.
» Par mes soins, sous mes mains je vis croître votre âge.
» Ce fut dans ce séjour que vos pieds délicats
» Pour la première fois hasardèrent leurs pas.

» DÉJA du haut des cieux, l'astre de la nature
» Qui dispense les mois et fixe leur mesure,
» Avait sur l'univers, dans son cours annuel,
» Répandu seize fois son éclat immortel,
» Depuis que nous étions dans ce champêtre asyle.
» Enfin, las d'y traîner une vie inutile,
» L'amour de mon pays s'éveilla dans mon cœur;
» Un riant avenir m'y montrait le bonheur.
» Auprès de mes amis, dans mon humble chaumière,
» Je voulus que la mort terminât ma carrière.

» JE vous prends avec moi. Bientôt des scélérats
» Sur les bords d'un torrent enveloppent mes pas.

CHANT XII.

» Que devenir ? Comment échapper à leur rage ?
» Il n'était qu'un moyen. Je me jette à la nage ;
» Une main vous soutient sur les rapides flots,
» De l'autre avec effort je divise les eaux ;
» Mais bientôt sous mon corps un abîme s'entr'ouvre...
» L'onde écume, bouillonne, et son sein se découvre...
» Elle va m'engloutir.... Je ne puis vous sauver....
» De cet affreux péril voulant me préserver,
» Mon bras vous abandonne.... Excusez ma faiblesse....
» O prodige ! le flot se courbe et vous caresse ;
» Il forme un lit mobile, et le léger zéphyr
» Seconde son dessein, et paraît vous servir.
» Bientôt sur le rivage il vous a déposée ;
» Pour moi, je dompte enfin la vague courroucée.
» Haletant, épuisé, j'arrive sur le bord,
» Et je bénis le ciel qui m'arrache à la mort.
» Déjà tout l'univers repose au sein de l'ombre.
» Etendu près de vous, sous le feuillage sombre,
» Je dors. Mais le sommeil ne suspend point mes maux.
» Je crois voir un guerrier, ou plutôt un héros,
» Le visage allumé des feux de la colère....
» Exécute, dit-il, les ordres de sa mère....
» Le ciel sur cet enfant tiendra les yeux ouverts ;
» Dans les eaux du baptême il faut rompre ses fers,
» L'affranchir des liens d'un culte sacrilège....
» Je veille sur ses jours. C'est moi qui le protège,

» Qui d'un monstre ai tantôt désarmé la rigueur,
» Et des flots écumans adouci la fureur.
» C'est mon ordre suprême.... Obéis sans murmure,
» Ou ce fer dans ton sang lavera ton injure.
» Tremble de violer les ordres du Très-Haut...

» Il dit, et disparaît. Je m'éveille en sursaut.
» De ce songe trompeur méprisant l'influence,
» Né Musulman, d'ailleurs, et plein de ma croyance,
» J'oubliai mes sermens; et laissai sur vos yeux
» De notre sainte foi le bandeau précieux.
» Vous croissiez cependant, votre audace intrépide
» Dompta les sentimens d'un sexe trop timide.
» Les armes à la main, dans les champs de l'honneur,
» L'univers admira votre rare valeur.
» Vous savez vos destins.... En esclave fidèle,
» Arsès, jusqu'à ce jour, vous témoigna son zèle;
» Sur vos pas triomphans, à toute heure, en tous lieux,
» Il a béni le sort qui remplissait ses vœux.
» Mais hier, dans la nuit, ce guerrier redoutable
» S'est offert à ma vue, et sa voix formidable
» Dans mes sens assoupis a jeté la frayeur....
» Parjure! m'a-t-il dit, redoute ma fureur;
» L'heure approche où Clorinde à la mort condamnée,
» Va jouir dans les cieux d'une autre destinée.
» Malgré tes vains efforts elle m'appartiendra;
» En proie à la douleur qui te consumera,

CHANT XII.

» Que tu vas accuser ta honteuse faiblesse....
» Il dit. Ce songe affreux alarme ma tendresse....
» Seul objet de mes soins, si le sort rigoureux
» Vous préparait peut-être un trépas malheureux !
» Je ne sais.... Le remords me dévore et m'accable;
» Le culte des Chrétiens est-il le véritable?...
» Mais non... quittez ce fer... rendez-vous à mes pleurs ».

Il se tait.... La guerrière appaise ses douleurs.
Elle veut se cacher sa triste inquiétude....
Son ame cependant est dans l'incertitude;
La même vision a troublé ses esprits.
« Suspens, mon cher Arsès, tes sanglots et tes cris,
» Dit-elle. Ecoute moins une erreur mensongère,
» Qu'enfante du sommeil la vapeur passagère,
» Tu m'appris à chérir notre divine loi.
» Irai-je dans ce jour, infidelle à ma foi,
» Quitter les étendards de notre saint Prophète
» Pour un fantôme vain dont l'aspect t'inquiète?
» Non, Clorinde jamais n'écoutera sa voix.
» Je ne suspendrai point le cours de mes exploits,
» Dussé-je des malheurs dont je suis menacée,
» Par mes propres efforts voir l'époque avancée ».

L'heure presse, elle part, et rejoint le héros
Qui doit la seconder dans ses nobles travaux.

Une nouvelle ardeur dans leurs veines s'allume.
L'enchanteur leur remet un vase de bitume
Que son art infernal prit soin de préparer,
Et qui d'un prompt succès sert à les assurer.

Ils marchent; et déjà la machine ennemie
Présente à leurs regards sa tête enorgueillie.
Leur courroux se réveille à cet aspect fatal;
La garde les entend, et donne son signal.

Bientôt mille guerriers leur ferment le passage:
Ils ne se cachent plus, et volent au carnage;
Ils ont en un instant frappé les ennemis,
Enfoncé, dispersé leurs rangs mal affermis.
Telle, avant que l'éclair ait déchiré la nue
Tout à la fois la foudre éclate, tombe, et tue.

A travers mille coups, à travers mille bras,
Jusqu'au pied de la tour ils ont porté leurs pas:
Ils l'atteignent.... Déjà leur main impatiente
Lance sur son sommet la flamme dévorante;
Le vent souffle et nourrit ces tourbillons de feux:
Une épaisse fumée enveloppe les cieux,
Sur leurs chars scintillans fait pâlir les étoiles,
Le dispute à la nuit, se roule dans ses voiles,
Et s'étendant au loin dans le vague des airs,
Aux regards des mortels dérobe l'univers.

CHANT XII.

A ce bruit effrayant deux escadrons accourent,
D'un invincible bras les guerriers les entr'ouvrent;
Ils regagnent Solime, et volent dans son sein
S'enivrer du succès de leur hardi dessein.
Ils viennent d'arriver à la porte dorée....
Le brave Soliman en défendait l'entrée.
Argant entre d'abord, et ne s'apperçoit pas
Que Clorinde est encore au milieu des soldats.
La porte se referme. Imprudente guerrière,
Que tu vas payer cher ton entreprise altière!
Pour punir Arimon du coup qu'il t'a porté,
Tu reviens sur tes pas.... Ton fer ensanglanté
Se plonge dans son cœur, et lave ton offense.
Malheureuse! ta mort naîtra de ta vengeance.

ELLE veut fuir en vain.... Mais la foule s'accroit:
Tancrède est arrivé.... Ce héros l'apperçoit;
Dans ses nombreux détours il poursuit l'amazone....
Déjà de toutes parts le danger l'environne.
Son grand cœur la soutient.... Elle attend le guerrier...
« Que me veux-tu, dit-elle, et pourquoi m'épier?
» Quel est donc ton projet?....— De t'arracher la vie....
» — La tienne auparavant pourrait l'être ravie ».
Tous les deux à ces mots enflamment leur courroux:
Ils s'élancent.... Ainsi dans leurs transports jaloux
Deux superbes taureaux qu'un fol amour consume,

Les naseaux tout fumans, le corps blanchi d'écume,
De leurs dards recourbés se frappent tour à tour.

   Ils n'ont pas pour témoin l'œil radieux du jour.
O nuit! qui les couvris de tes voiles funèbres,
Pardonne si ma voix, sur ces guerriers célèbres
Attachant les regards de la postérité,
Porte leurs noms fameux à l'immortalité.
Ils ne connaissent point cette vulgaire feinte,
Qui d'un bras éprouvé sait éviter l'atteinte.
Le fer contre le fer heurte en étincelant,
Le glaive dans leurs mains s'agite en flamboyant;
La honte, le dépit font naître la vengeance,
Le dépit à son tour fait place à la prudence:
Ces divers sentimens dans leurs cœurs éperdus
Se pressent en désordre et règnent confondus.
Dans ses bras vigoureux Tancrède la resserre;
Trois fois il la saisit, et trois fois la guerrière
Echappe à ces liens formés par le courroux,
Et que le tendre amour eût pu rendre si doux.

   Haletans, épuisés, ils respirent à peine,
Leur sang coule à grands flots; mais l'implacable haine
Allume dans leur sein son funeste poison...
Alors un trait léger colorait l'horizon.
A la pâle clarté de la naissante aurore
Le héros apperçoit l'ennemi qu'il abhorre;

CHANT XII.

Il jouit de ses maux... et son œil enivré
Avec ravissement voit son flanc déchiré.

Déplorables humains, quelle est votre faiblesse !
Ah ! Tancrède, reviens de ta fatale ivresse ;
Regrette ta victoire et ce sang précieux
Dont ton glaive inhumain vient d'abreuver ces lieux.

Cependant la fatigue a suspendu leur rage.
Ils s'arrêtent... Tancrède alors tient ce langage :
« Pourquoi faut-il, hélas ! que loin de tous les yeux,
» L'oubli cache aux mortels des exploits si fameux ?
» Puisque le ciel jaloux envie à notre gloire
» Cette célébrité qu'on doit à sa mémoire,
» De grace, satisfais ma curiosité :
» Quel est ton nom ? ton rang ? O guerrier indompté !
» Si je suis ton vainqueur, ou si le sort contraire
» Favorise en ce jour mon illustre adversaire,
» Que je sache du moins qui me donne la mort.

» — Tu fais pour l'obtenir un inutile effort.
» Mais si d'un tel desir ton ame était charmée,
» Apprends que par mes mains ta tour fut consumée,
» Et c'est d'un tel succès que mon cœur s'applaudit.
» — Ah ! barbare ennemi, tu n'en as que trop dit !
» C'est l'arrêt de ta mort ». A ces mots il s'élance,
Et plus terrible encor le combat recommence.

Percés, couverts de sang, la rage, la fureur
Conservent à leurs bras un reste de vigueur.
Ces illustres rivaux ne tiennent à la vie
Que par l'acharnement et par la jalousie.
Telle, lorsque les vents qui soulevaient les flots
Ont cessé de troubler la surface des eaux,
La mer bouillonne encor.... Ses vagues irritées
Obéissent au choc qui les a tourmentées.

L'ADRESSE n'agit plus dans ce combat fatal;
L'excès du désespoir peut seul le rendre égal.
Le héros s'abandonne à toute sa colère....
Clorinde touche enfin à son heure dernière.
Il plonge dans ses flancs un homicide acier;
Elle tombe sans voix.... L'inflexible guerrier,
La menace à la bouche, achève sa défaite;
Les ombres de la mort voltigent sur sa tête :
Mais un rayon plus pur pénètre dans son cœur,
Et l'éclaire en mourant d'une douce lueur.
Cette clarté soudain a dessillé sa vue.

« AMI, dit-elle alors, d'une voix abattue,
» Tu l'emportes : le ciel a permis mon trépas;
» Sans doute il était juste, et je ne m'en plains pas :
» Mais ma bouche expirante oserait-elle encore
» Exiger de tes mains la grace qu'elle implore?

» Qu'une onde salutaire efface mes erreurs:
» Cet espoir, de ma mort adoucit les horreurs ».

Aux accens étouffés de la belle guerrière,
Quelques pleurs du héros humectent la paupière;
Il souscrit avec joie à des vœux aussi doux.
Un ruisseau près de là roulait sur des cailloux;
Tancrède y court puiser une eau pure et limpide....
Il revient; sa main tremble, et le Dieu qui le guide,
Dont il pratique alors les sublimes vertus,
Ne peut rendre le calme à ses sens éperdus.
Il découvre le front de la jeune inconnue....
Il la voit : ô tourmens! ô déplorable vue!
Tout son sang agité remonte vers son cœur;
Mais un pieux devoir modère sa douleur.
Il se hâte de rendre à la vie immortelle,
L'objet dont le priva sa fureur criminelle.

Clorinde ouvre les yeux : une molle pâleur
S'étend sur son visage, en ternit la blancheur.
Telle la violette au retour de l'aurore,
Se mêle en un jardin au lis qui vient d'éclore,
Elle fixe le ciel qui paraît s'entr'ouvrir....
Son regard plus serein aime à le parcourir.
Tout annonce l'espoir de son ame contente.
Elle soulève à peine une main défaillante,

La remet au héros comme un gage de paix,
Et bientôt le trépas défigure ses traits.

A cet aspect, Tancrède a perdu son courage....
Une froide sueur inonde son visage.
Il tombe à ses côtés, et l'excès du malheur
Glace le sentiment dans le fond de son cœur.
Il serre dans ses bras le corps de son amante;
Sa bouche ose presser cette bouche charmante
Que paraient autrefois les graces et les ris,
Et dont la mort flétrit le touchant coloris.
Il accuse, il maudit sa triste destinée;
Et, cédant au courroux de son ame indignée,
Il allait rompre enfin ces liens odieux.
Cependant des soldats arrivent en ces lieux;
Leur chef a reconnu ce héros redoutable;
Il accourt.... Il le voit étendu sur le sable,
Immobile, sans voix, le front décoloré....
Près de lui sur l'arène un guerrier expiré
Annonçait que le fer avait tranché sa vie,
Et de son sang au loin la terre était rougie.

Le guerrier généreux rassemble ses soldats;
Ils les prennent tous deux dans leurs robustes bras,
S'avancent vers le camp d'un pas lent et tranquille,
Et déposent Clorinde en un secret asyle.

CHANT XII.

Tancrède est dans sa tente; il a rouvert les yeux,
Et gémit de trouver la lumière des cieux.
Il promène par-tout une vue incertaine;
Il s'étonne.... il frémit de survivre à sa peine.
« Où suis-je? dans quels lieux a-t-on guidé mes pas?
» Je doute si je veille, et ne me connais pas,
» Dit-il Quoi! je respire, et la clarté céleste
» Luit encore pour moi dans cet instant funeste!
» Elle éclaire mon crime et dévoile l'horreur
» Que la nuit dérobait à ma propre fureur!
» Infortuné! je vis.... et mon ame abattue
» Se débat vainement sous le trait qui la tue!
» Mais barbare et perfide! instrument de la mort,
» Toi, qui pus seconder mon aveugle transport;
» Toi, qui fus si long-temps au meurtre consacrée,
» Tu crains de terminer une vie abhorrée!
» Timide maintenant, tu conserves mes jours:
» Ah! par pitié du moins daigne trancher leur cours!
» Mais non; un tel trépas serait ma récompense,
» Et jamais ton courroux ne connut la clémence.

» Je vivrai donc en proie à toute ma douleur!
» Exemple malheureux d'une coupable ardeur,
» Je vivrai.... Le destin me voue à l'infamie,
» Sous le poids des forfaits et de l'ignominie,
» En horreur à moi-même, accablé de revers,

» Je dois de mon supplice étonner l'univers.
» Inutiles remords, implacables furies,
» Rassemblez contre moi toutes vos barbaries;
» Qu'à toute heure, en tous lieux, votre horrible pouvoir
» Dans mon cœur ulcéré ronge jusqu'à l'espoir;
» Errant et forcené, ma course vagabonde
» Ira cacher ma honte aux limites du monde.
» Insensé! puis-je perdre en de nouveaux climats
» Le cruel souvenir de mes noirs attentats!
» Sous le voile effrayant d'une nuit solitaire
» Je me retrouverai seul avec ma misère;
» Et soit que le soleil brille du haut des airs,
» Soit qu'il s'ensevelisse au sein des vastes mers,
» Je me craindrai toujours; et me fuyant sans cesse,
» Mon aspect odieux nourrira ma tristesse.

» Mais, hélas! en quels lieux sont ces restes sacrés?..
» Peut-être des vautours les ont-ils dévorés.
» Ah! trop noble pâture, aliment de leur rage,
» Il ne te manquait plus que ce dernier outrage!
» Je perds tout à la fois: en butte à tous les traits,
» Je subis du hazard les aveugles décrets.
» O céleste dépouille! ô restes que j'adore!
» Je vous posséderai si vous êtes encore!
» Si des monstres affreux vous avaient séparés,
» Mes membres sous leurs dents vont être déchirés.

CHANT XII.

» Leurs entrailles, du moins, tombeau de mon amante,
» Renfermeront aussi ma dépouille fumante.
» O tombeau fortuné ! si nos divers débris
» Dans ses flancs glorieux se trouvaient réunis »!

Telles sont du héros les touchantes alarmes ;
On lui dit que l'objet qui fait couler ses larmes
Caché dans une tente aux rayons du soleil
Repose enveloppé d'un funèbre appareil.
A ces mots, de son front couvert de voiles sombres,
Une vive gaîté vient éclaircir les ombres.
Ainsi brille le jour, ainsi jaillit l'éclair
Qui déchire la nue et serpente dans l'air.
Il se lève, et courbé sur une main tremblante,
Il recueille un moment sa force chancelante,
Soulève avec efforts ses membres affaiblis,
Et se traîne à pas lents vers ces restes chéris.

La pâleur sur le front, et le regard farouche,
De sourds gémissemens s'échappent de sa bouche.
Mais quand il voit ce sein, arrondi par l'amour,
Couvert d'un sang épais, et glacé sans retour ;
Quand il voit ce visage où la Parque homicide
Grava d'un trait fatal son empreinte livide,
Il tremble ; ses genoux se dérobent sous lui,
Et ce lugubre aspect redouble son ennui.

« O céleste beauté! du haut de l'Empirée
» Adoucis les tourmens de mon ame égarée!
» Ton front pur et serein semble braver la mort :
» Hélas! qu'il calme au moins les rigueurs de mon sort.
» Voilà le noble prix que recueille ma gloire:
» Le voici, ce héros chéri de la victoire!
» Il ose contempler ses funestes effets;
» Tancrède, applaudis-toi.... Jouis de tes forfaits!
» Vois avec volupté la suite de ta rage!
» Ces blessures, ce sang, attestent ton courage.
» Bénis le juste ciel qui sut combler tes vœux....
» Et tu ne rougis point d'en repaître tes yeux!
» Monstre! si tu ne peux leur accorder des larmes,
» Tourne contre ton sein tes criminelles armes ».

Il dit; et furieux, il allait de ses mains
Terminer à la fois sa vie et ses destins.
On arrête son bras.... et ce n'est qu'avec peine
Qu'on peut le ramener à la tente prochaine.

Soudain la Renommée a redit son malheur.
Bouillon accourt vers lui : sa pieuse douceur
Tente, mais vainement, de chasser sa tristesse;
Sa stérile pitié l'importune et le blesse....
Il ne reconnaît plus ses fidèles amis,
Il rejette leurs soins, est sourd à leur avis....

CHANT XII.

Quand un sage mortel, le vénérable Pierre,
Qui portait au guerrier le tendre amour d'un père,
S'approche de son lit, et d'un ton de bonté,
Redonne un nouveau calme à ce cœur agité.

» TANCRÈDE ! écoute moins un aveugle délire;
» Assez, et trop long-temps il causa ton martyre;
» Recouvre ta raison, et rends graces aux cieux
» Qui déchirent le voile épaissi sur tes yeux.
» N'entends-tu pas ce Dieu qui te guide, t'appelle,
» Et t'honore en ce jour d'une faveur nouvelle ?
» Il vient te retirer du dédale honteux
» Où t'égarait, hélas ! un amour malheureux;
» Courbe-toi sans frémir sous sa main paternelle.
» Esclave criminel d'une femme infidelle,
» Tu maudis le destin qui vient rompre tes fers !
» Ah ! plutôt applaudis à cet heureux revers;
» Il te rend tes vertus, il te rend à toi-même.
» Eh ! tu méconnaîtrais la volonté suprême !
» Ingrat ! où t'entraînait un fatal désespoir ?
» Rentre sans balancer sous la loi du devoir.
» Tes pas sont suspendus sur l'éternel abîme,
» L'enfer va t'engloutir, il attend sa victime,
» Et tu ne le vois pas ! et des cris impuissans
» Te font perdre aujourd'hui de précieux instans !
» Tancrède, ouvre les yeux, il en est temps encore;
» Le Très-Haut le commande, et ton ami t'implore ».

Il se tait.... La terreur a glacé le héros;
Il consent qu'on apporte un remède à ses maux;
Mais il gémit toujours; mais d'une voix mourante
Il murmure toujours le nom de son amante.
Il lui parle, il la voit, sortant de son tombeau,
Renaître et s'envoler vers un monde nouveau.
Soit que le jour commence, ou que la nuit obscure
Sous son sceptre lugubre endorme la nature,
Il l'invoque, la pleure, et nourrit ses regrets.

Ainsi, quand sur son char éclairant les forêts,
Phébé montre aux mortels son front mélancolique,
Philomèle cachée au sein d'un chêne antique
Module en sons plaintifs ses douloureux ennuis :
Sa voix interrompant le long calme des nuits,
Accuse l'oiseleur, dont la perfide adresse
Ravit les fruits naissans, gages de sa tendresse.

Cependant du sommeil les bienfaisans pavots
Se sont appesantis sur les yeux du héros,
Et d'un songe riant la flatteuse influence
Découvre à ses regards l'objet de sa constance;
Elle descend vers lui sur un trône de fleurs
Dont Iris elle-même a formé les couleurs:
Mille zéphyrs légers, groupés sur un nuage,
Sèment d'or et d'azur les lieux de son passage.

CHANT XII.

Son visage étincèle; une douce clarté
De ses traits enchanteurs relèvent la beauté.

Sous cet éclat divin, qui l'embellit encore,
Tancrède a reconnu l'amante qu'il adore.
De sa bouche de rose, à travers un souris
S'échappent ces conseils et ces accens chéris :

« Amant infortuné ! je viens sécher tes larmes;
» Appaise, il en est temps, tes trop vives alarmes;
» Contemple mon éclat, admire ma splendeur ;
» C'est à toi que je dois ma suprême grandeur :
» Cesse de murmurer contre la providence.
» Quand ton fer me priva d'une frêle existence,
» Mon ame dans les cieux s'envola pour jamais.
» C'est là que du Très-Haut j'éprouve les bienfaits.
» Depuis que j'ai quitté ma dépouille mortelle,
» Je jouis dans son sein d'une gloire éternelle;
» Une volupté pure y comble mes desirs :
» Tu pourras quelque jour partager mes plaisirs.
» C'est-là que je t'attends, et que, loin du vulgaire,
» Nous serons confondus dans des flots de lumière.
» Viens, ô mon jeune époux! viens goûter près de moi
» Cette félicité que mérite ta foi !
» Cher Tancrède, à mes vœux ne sois pas inflexible !
» Calme enfin les remords d'une ame trop sensible.

» Vis en paix.... sois content.... abjure ton erreur;
» Ta Clorinde l'exige, elle connaît ton cœur.
» Adieu. De son amour sa prière est le gage ;
» Que ta fidélité couronne son ouvrage :
» Elle peut t'assurer un sort rempli d'appas.
» Je te laisse, il est vrai, mais ne te quitte pas.
» Au séjour du bonheur Clorinde te précède »....

Sa voix s'éteint alors ; et jettant sur Tancrède
Un regard enflammé du zèle le plus pur,
Elle fuit et se perd dans un fleuve d'azur.
Le héros se réveille.... et son cœur s'abandonne
A l'espoir séduisant que Clorinde lui donne.
Cependant par son ordre on lui dresse un tombeau.
L'artiste y consacra le marbre le plus beau ;
Et peu de jours après, surmontant sa faiblesse,
Il cède au sentiment qui le poursuit sans cesse.
Pénétré d'un respect pur et religieux,
Il dirige ses pas vers ces funestes lieux ;
Il foule en frémissant cette tombe sacrée,
Asyle auguste et cher d'une femme adorée ;
Sa bouche haletante en presse les contours,
Et son délire vain lui dicte ce discours :

« Cher et cruel objet de l'amour le plus tendre !
» Si mon pied téméraire ose presser ta cendre,

CHANT XII.

» Ma Clorinde, pardonne à ses derniers transports !
» Du séjour ténébreux, habité par les morts,
» Ne jette point sur moi des regards de colère....
» Mais que dis-je, insensé ? tu vis sous cette pierre;
» Le Dieu qui m'embrasa de ses feux dévorans,
» Respire à tes côtés et commande à mes sens.
» Ton cœur put être altier, mais non inexorable ;
» Le mien fut innocent quand mon bras fut coupable.

» Tombe auguste ! reçois encore un doux baiser ;
» Sans crime, de mes pleurs je pourrai t'arroser;
» Et si Clorinde encor, de la sphère étoilée
» Aimait à contempler ce triste mausolée,
» Peut-être à ma douleur donnant quelques soupirs,
» Ses desirs s'uniront à mes brûlans desirs.
» Au séjour qu'elle habite il n'est point de vengeance;
» Mais si de l'attendrir je n'ai point l'espérance,
» S'il faut traîner encor mes déplorables jours,
» Elle permet du moins que je l'aime toujours.
» Mon ame, en s'envolant de sa prison fragile,
» Ira la retrouver dans son céleste asyle.
» O fortuné moment ! ô destin glorieux !
» Quand viendras-tu remplir le plus doux de mes vœux?

Déja des bruits confus ont alarmé Solime;
Mais on ignore encor le nom de la victime

Qui vient de succomber aux pieds de ces remparts.....
Des avis plus certains portent de toutes parts
Le désordre, l'effroi, l'horreur et l'épouvante.
On croirait qu'un vainqueur de sa main triomphante
Dans la sainte cité s'ouvre un rapide accès,
Enlève les trésors, ravage les palais,
Presse d'un bras impur les vierges éplorées,
Et foule des héros les cendres révérées.

A ces cris, à ces pleurs, à ces touchans regrets,
On distingue sur-tout l'inconsolable Arsès.
Il conjure les dieux de finir sa carrière,
Et souille tout son corps de cendre et de poussière :
Il perd tout, son espoir, sa fille, son soutien,
Et maudit mille fois le féroce Chrétien.

Cependant, au milieu de la foule éplorée,
Argant s'avance seul d'une marche assurée.

« Elle n'est plus, dit-il ! Eh ! que n'ai-je pas fait
» Pour prévenir, hélas ! cet horrible forfait !
» J'ai voulu partager sa triste destinée;
» Ma valeur, malgré moi, dans Sion enchainée,
» N'a pu la secourir ni prévoir son trépas ;
» Les ordres d'Aladin ont retenu mon bras.
» Au milieu des dangers Argant l'auroit suivie,
» Et j'ose me flatter que mon bras l'eût servie.

CHANT XII.

» Les hommes et le ciel devaient nous la ravir ;
» Mais je sais quels devoirs elle laisse à remplir.

» Sion, prête l'oreille à ma voix redoutable
» Ecoute mes sermens, ô ciel impitoyable !
» Et si je les trahis, que ton foudre vengeur
» Punisse mon parjure et dévore mon cœur.
» Je jure d'immoler son barbare adversaire,
» De plonger dans ses flancs cette main sanguinaire,
» Et de laisser en proie aux monstres des forêts
» Son odieux cadavre abattu sous mes traits. »

Il dit ; et tout le peuple en conçoit l'espérance....
Vains souhaits !.... Le destin trompera sa vengeance ;
Lui-même il va tomber sous les coups du guerrier
Qu'aux efforts de sa rage il veut sacrifier.

FIN DU CHANT DOUZIÈME.

LA JÉRUSALEM DÉLIVRÉE.

CHANT TREIZIÈME.

SOMMAIRE
DU CHANT TREIZIEME.

Ismen enchante la forêt et la rend inaccessible. Bouillon y envoie ses principaux guerriers, mais tous y sont saisis d'une frayeur soudaine. Tancrède triomphe des obstacles que les démons lui opposent. Il pénètre dans la forêt; mais la voix de Clorinde, qui frappe son oreille, le glace de terreur, et le contraint à la fuite. Grande sécheresse qui tourmente les Chrétiens. Godefroi implore le Très-Haut, qui lui accorde une pluie abondante.

CHANT TREIZIÈME.

A peine les guerriers ont d'un bras intrépide
Lancé sur la machine une flamme homicide,
Que le féroce Ismen, par ses enchantemens,
D'un peuple infortuné redouble les tourmens.

Non loin du camp Chrétien, une forêt immense,
Qui du monde sans doute avait vu la naissance,
Elevait dans les airs ses antiques rameaux.
En vain le Dieu brillant que révère Délos,
D'un déluge de feux inonde l'atmosphère,
Il ne peut surmonter leur épaisse barrière.
Une sombre lueur s'y glisse en vacillant :
Tel on voit le matin quelque rayon tremblant
Précéder dans les cieux le retour de l'aurore,
Et fuir en scintillant sur l'horizon qu'il dore.
Jamais aucun berger n'y mena ses troupeaux,
Jamais le voyageur n'y chercha le repos.
C'est là que dans la nuit, porté sur des nuages,
Des esprits infernaux exercent leurs ravages,
D'impudiques beautés y précèdent leurs pas,
Une forme hideuse y cache leurs appas.

C'est là leur sanctuaire ; et cette horde impure
Outrage dans ses jeux l'amour et la nature.
Jamais les habitans de ces funestes lieux
N'osèrent pénétrer dans ce bois odieux.
Les Chrétiens au-dessus d'une vulgaire crainte
Portèrent la coignée en son obscure enceinte ;
Ce bélier destructeur que le sort leur ravit,
De ces arbres divers avait été construit.

Aussi-tôt que des mois l'inégale courrière
Eut de son char d'argent épanché la lumière,
Ismen, à la faveur de sa pâle clarté,
Parcourt de la forêt le centre redouté ;
Il y décrit un cercle, et quitte sa ceinture.
Il s'incline trois fois, et trois fois il murmure
Ces sinistres accens, dont le charme fatal
Fait trembler dans sa cour le monarque infernal.
Sur son front tout ridé ses cheveux se hérissent,
Et de ces mots affreux les échos retentissent :

« O vous, qui dès long-temps reconnaissez mes lois,
» Qui du fond du Ténare accourez à ma voix,
» Dieux ! ô terribles dieux ! du trépas et des ombres
» Quittez le noir Cocyte et ses rivages sombres !
» Hécate, triple Hécate, applaudis à mes vœux !
» Toi qui règnes assis sur un trône de feux,

CHANT XIII.

» Esprits qui de mon art redoutez la puissance,
» Je vous évoque tous.... secondez ma vengeance !
» Lancez sur des Chrétiens vos plus cruels fléaux,
» Et, s'il se peut encor, ajoutez à leurs maux.
» Je confie à vos soins cette forêt sacrée....
» Que les plus grands périls en défendent l'entrée.
» Ministres rigoureux de mon fatal pouvoir,
» Vous m'avez entendu.... remplissez mon espoir ».
Il dit. Le ciel alors se couvre de ténèbres;
L'air retentit au loin de hurlemens funèbres.
Cependant les démons n'ont point encor quitté
De l'Erèbe et du Styx le séjour détesté.
« Eh quoi ! dit l'enchanteur, que ce retard offense,
» Aurais-je en vains efforts épuisé ma science ?
» Faudra-t-il proférer ce nom mystérieux,
» Redouté des mortels, et craint même des dieux !
» Perfides, répondez ; ou ma juste colère
» Va.... Mais l'enfer l'exauce, et le charme s'opère ».

Ismen alors, Ismen, ivre de ses succès,
Du timide Aladin regagne le palais.
« Seigneur, calme le trouble où ton ame est en proie;
» Tu peux, sur mes sermens, te livrer à la joie.
» Ton trône désormais n'a rien à redouter;
» La victoire est à nous.... mais crains de la hâter.
» Le ciel à te servir lui-même se dispose,
» Tout, jusqu'aux élémens, va défendre ta cause;

» Bientôt Mars et Phébus réuniront leurs feux
» Dans le signe brûlant du dragon furieux.
» Les fleuves tariront, la flamme meurtrière
» Ira pomper les eaux jusqu'au sein de la terre.
» Mais ici tes guerriers, sous le feuillage épais,
» Respireront du moins un air salubre et frais;
» Tandis que le Chrétien, dans une plaine aride,
» Faira, mais vainement, la chaleur homicide :
» Et toi, sans plus tenter d'inutiles hazards,
» Tranquille et protégé par de triples remparts,
» D'un peuple criminel tu verras le supplice
» Satisfaire des dieux l'immuable justice.
» Si le farouche Argant, à de nouveaux combats
» Veut encore entraîner tes belliqueux soldats,
» Modère quelque temps cette fougue importune,
» Et laisse aux immortels le soin de ta fortune ».

Il se tait. Aladin, rassuré par ces mots,
Encourage l'armée et presse les travaux.
Les murs sont relevés; et lui-même dirige
Tous les retranchemens que le besoin exige.
Cependant Godefroi ne veut point hazarder
Un assaut que le ciel le force à retarder;
Mais voulant fabriquer des machines nouvelles
Qui puissent repousser l'effort des infidèles,
Il envoie à l'instant dans le bois enchanté
Des travailleurs choisis et pleins d'activité :

CHANT XIII.

Mais à peine ont-ils vu cette lugubre entrée,
Que de terreur soudain leur ame est pénétrée.
Des spectres menaçans paraissent à leurs yeux....
La forêt retentit de sifflemens affreux :
Ils veulent avancer.... Une frayeur nouvelle
Amortit leur audace, et s'oppose à leur zèle.

Tel d'un songe fatal un mortel oppressé,
Sent resserrer son cœur que la crainte a glacé,
Tel encor dans la nuit, l'enfant simple et timide
Croit entendre les cris d'un fantôme livide ;
Ils courent éperdus auprès de Godefroi
L'instruire du sujet qui cause leur effroi.
D'un moment de surprise il ne peut se défendre ;
Cependant à leurs vœux il daigne condescendre ;
Et de nombreux guerriers, vieillis dans les combats,
Vers le funeste bois accompagnent leurs pas.

Mais au premier aspect de ce séjour sauvage,
Un sentiment secret étouffe leur courage.
Leurs cœurs tant éprouvés palpitent à la fois.
La crainte les subjugue, elle enchaîne leur voix.
Vainement le devoir gourmande leur faiblesse,
Ils n'osent s'éloigner, ni tenir leur promesse....
Alors un bruit affreux se répand dans les airs....
Tel mugit un volcan, dont les flancs entr'ouverts

Vomissent sur la terre une lave enflammée ;
Telle, sur l'Océan, une vague animée
Se joint avec fracas au courroux des Autans,
Qu'Éole a déchainés sur les flots écumans.

Une profonde nuit enveloppe la terre,
Et ne laisse briller que les feux du tonnerre :
On entend des sanglots, des hurlemens confus,
Et dans un même son tous les sons confondus.
Tel des hiboux sortant de leurs retraites sombres,
Troublent par de longs cris le silence des ombres,
Ces courageux guerriers retournent sur leurs pas ;
Un seul jour leur ravit le prix de cent combats :
Pour la première fois leur ame épouvantée
Cède au vil sentiment dont elle est tourmentée ;
On dirait que d'un Dieu l'invisible pouvoir
Précipite leur fuite, et trompe leur espoir.

Rendus près de Bouillon, l'un d'eux, avec adresse,
S'efforce d'excuser la commune faiblesse.
« Seigneur, il n'est plus temps de rien dissimuler.
» Il n'est plus de mortel qui puisse, sans trembler,
» Affronter les périls qui menacent sa tête....
» L'enfer, de la forêt nous défend la conquête.
» Qui pourrait, sans frémir, pénétrer dans son sein,
» Aurait le cœur muni d'un triple mur d'airain ».

CHANT XIII.

Alcaste en souriant écoute ce langage ;
Alcaste, dont le bras et la valeur sauvage
Méprisent le destin, les mortels et la mort....
« Ainsi que ces guerriers je tenterai le sort,
» Dit-il : mais j'irai seul dans ce funeste asyle,
» J'en verrai les dangers d'un œil ferme et tranquille ;
» Et dût l'enfer entier s'opposer à mes coups,
» Tout l'enfer sentira le poids de mon courroux ».
Vers le bois, à ces mots, l'Helvétien s'avance ;
Il marche d'un pas lent, et rempli d'assurance,
Ses pieds foulaient déjà ce sol empoisonné....
Tout à coup il paraît de murs environné ;
Un déluge de feux, une ardente rosée,
S'épanchent à grands flots sur la terre embrasée,
Et d'horribles géans, les armes à la main,
Placés de toutes parts, lui ferment le chemin.
L'un à l'aspect farouche, aux regards homicides,
Fait dresser sur son front ses couleuvres livides ;
Et l'autre, du milieu de ces vastes foyers,
Lance sur le héros des brandons meurtriers.
Alcaste cède enfin ; il s'indigne, il s'irrite....
Un fatal ascendant le contraint à la fuite.
Mais, semblable au lion que poursuit le chasseur,
Loin de ces lieux cruels il fuit avec lenteur ;
Et, n'osant de Bouillon supporter la présence,
Dans le fond de sa tente il s'enferme en silence.

Godefroi cependant exige son retour.
De honte et de remords agité tour à tour,
Il s'avance confus, et la tête baissée,
Il veut parler en vain, sa langue s'est glacée.
Sa démarche tardive, et son front abattu,
Les mouvemens divers dont il est combattu,
Tout apprend à Bouillon sa pénible disgrace....
De ses autres guerriers il réveille l'audace :
Tous vers le bois affreux portent la même ardeur,
Et tous y sont saisis de la même frayeur.

Tancrède, encor rempli de sa noire tristesse,
Et des pieux devoirs rendus à sa maîtresse,
Ne leur a point prêté le secours de son bras.
Quoique faible et souffrant de ses derniers combats,
Son corps cède à la voix du grand cœur qui l'anime,
Et l'espoir affermit son dessein magnanime.
Il marche à la forêt, tenant les yeux ouverts
Sur les nouveaux périls qui lui seront offerts.
Il entend sans effroi les éclats du tonnerre,
Sous ces pieds chancelans il sent trembler la terre ;
Mais, toujours intrépide, il s'avance au hazard :
Soudain le feu s'allume et s'élève en rempart ;
Il recule à sa vue, et se dit à lui-même :
« Quoi ! ne serait-ce point une imprudence extrême
» Que d'affronter encor ces monstres rugissans ?
» Faudra-t-il m'élancer dans ces feux dévorans ?

CHANT XIII.

» On doit verser son sang quand l'honneur le commande;
» Mais il n'exige point qu'ici je le répande.
» Mon trépas est certain.... Que dira Godefroi
» S'il apprend que la crainte a passé jusqu'à moi ?
» Peut-être ces dangers n'en ont que l'apparence »....

Il dit; et dans la flamme aussi-tôt il s'élance;
Mais il ne ressent point sa brûlante chaleur.
Il est loin d'éprouver cette vive douleur
Que doit causer un feu qui parait redoutable....
Tout-à-coup il s'éteint.... Un nuage effroyable
Lui succède, chargé de neige et de frimas;
Bientôt il disparaît.... Rien n'arrête les pas
Du héros au-dessus d'une terreur vulgaire :
Il sonde les détours de ce bois solitaire.

Au sein de la forêt, sur un sol spacieux,
S'élevait dans les airs un cyprès orgueilleux ;
Il inspirait l'horreur, et sa cime noircie
Pliait sous les efforts de l'époux d'Orithie.
Le guerrier s'en approche, et sur son tronc mousseux
Parcourt, en frémissant, des mots mystérieux,
Les mêmes dont usait l'Egypte policée
Pour fixer la parole et peindre la pensée.

« Téméraire guerrier, qui, guidé par le sort,
» Foules sans t'effrayer l'empire de la mort,

» De grâce si ton cœur n'est point inexorable,
» Cesse de profaner un lieu si redoutable !
» Ici, des malheureux, dans la nuit du tombeau,
» Ont vu de leurs beaux jours s'éteindre le flambeau.
» Ce n'est point aux vivans à troubler leur asyle ».

Le héros est surpris, et demeure immobile ;
Alors des arbrisseaux agités par les vents,
Semblent pousser des cris et des gémissemens....
Un concert de soupirs fatigue son oreille ;
Mais loin de se calmer son ardeur se réveille :
Il tire son épée, et d'un bras foudroyant
Il frappe le cyprès.... O prodige effrayant !
Le sang coule, le ciel s'entr'ouvre, éclate, tonne....
Il voudrait redoubler.... sa force l'abandonne.
Du creux de l'arbre alors, à travers les sanglots,
Une voix gémissante articule ces mots....

« Cesse, odieux vainqueur, de combler ma misère ;
» N'était-ce pas assez que ton fer sanguinaire
» Eut moissonné ma vie à peine en son printemps ?
» Tancrède ajouterait encore à mes tourmens !
» Cet arbre auquel m'unit ma triste destinée,
» Renferme ta Clorinde.... O femme infortunée !
» Quoi ! celui qui vécut pour te persécuter,
» A tes mânes plaintifs ne craint pas d'insulter ?

CHANT XIII.

» Implacable ennemi, cette forêt cruelle
» Contient de cent guerriers la dépouille mortelle.
» Infidèle, Chrétien, tout ici confondu,
» Regrette vainement le jour qu'il a perdu.
» Par un charme secret, leurs ames attachées
» A cette frêle écorce, y respirent cachées.
» Arrête ! tu ne peux, sans offenser les dieux,
» Lever sur notre asyle un bras audacieux.
» Ingrat ! de ton amante épargne au moins la cendre,
» Et respecte la tombe où tu la fis descendre ! »

Tel un songe fatal, dans l'horreur de la nuit,
Nous offre des objets que le réveil détruit,
Des spectres, des dragons, et des ombres plaintives
Du séjour de la mort quittant les sombres rives.
A demi convaincus de l'erreur de nos sens,
Nous faisons pour les fuir des efforts impuissans....
Tel Tancrède frémit.... Cet étonnant langage
Dans son cœur généreux a glacé le courage.
Son glaive même échappe à ses tremblantes mains....
Désespéré, confus, ses regards incertains
Tombent languissamment sur ce cyprès funeste ;
O douleur ! il revoit cette beauté céleste,
Cet objet adoré, dont chaque jour, hélas !
Il chérit la mémoire et pleure le trépas.
Il entend ses soupirs, il compte ses blessures....
Ce sang qu'il a versé retrace ses injures.

Ce héros qui brava le courroux des enfers,
Frémit au souvenir des maux qu'il a soufferts.
Il cède à des sanglots ; le seul nom d'une femme
Et ses reproches feints, intimident son ame ;
Il n'ose plus sonder ces mystères affreux,
Et s'éloigne, vaincu, de ces funestes lieux.
Déjà près de Bouillon en désordre il arrive.
Tout décèle et trahit l'effroi qui le captive.
« Seigneur, je viens ici t'assurer par ma voix,
» Des prodiges divers que j'ai vu dans le bois.
» Un pouvoir inconnu nous en défend l'entrée :
» A des dieux infernaux elle fut consacrée ;
» Des monstres dévorans veillent à ses côtés,
» J'ai bravé leur courroux et leurs traits redoutés.
» Le jour s'est éclipsé sous des voiles funèbres,
» Mais bientôt le soleil a chassé les ténèbres.
» Le dirai-je, Bouillon ? Ces branches, ces rameaux,
» Imprégnés de la vie et du sang des héros,
» Ont élevé vers moi leurs soupirs et leurs plaintes....
» Ce ne sont point, Seigneur, de puériles craintes,
» J'ai moi-même entendu ces funèbres accens,
» D'une secrète horreur ils ont glacé mes sens ;
» J'ai voulu t'obéir, surmonter les obstacles,
» J'ai voulu me roidir contre ces vains spectacles....
» Mon ame intimidée a perdu sa vigueur,
» On eût dit que le ciel enchaînait ma valeur :

CHANT XIII.

» Je ne pourrais jamais acquitter ma promesse,
» Je le sens.... » Godefroi, surpris de sa faiblesse,
Est de mille projets tour à tour agité....

Doit-il, en écoutant son intrépidité,
Lui-même dans le bois se frayer un passage?
Doit-il en négliger l'indispensable usage?
Tandis qu'il est en proie à ces divers combats,
Pierre vient terminer son pénible embarras.
« Garde-toi d'exposer ta précieuse vie,
» Lui dit-il : c'est au fils de la belle Sophie
» Que le ciel a remis le soin de nous venger.
» Du lien qui l'enchaîne il va se dégager;
» Il revient,.... et déjà l'esquif qui le ramène
» A franchi les écueils de l'orageuse plaine.
» Ce héros nous rejoint sous la garde d'un Dieu.... »
En prononçant ces mots son visage est en feu,
Sa voix a plus d'éclat.... Godefroi se rassure,
Et de ce doux espoir il accepte l'augure.

Cependant le soleil dans le plus haut des airs,
De ses brûlans rayons embrase l'univers.
Du céleste courroux, redoutable ministre,
Il se couche couvert d'un nuage sinistre,
Et se lève abreuvé de sanglantes vapeurs.
Son char ne verse plus que des feux corrupteurs;

La feuille se dessèche, et l'herbe languissante
Voit jaunir à regret sa verdure mourante;
Des rivages du More un vent contagieux
Vole et souffle la mort sur ces funestes lieux.
Le Zéphyr est muet. Les doux présens de Flore
Demandent, mais en vain, les larmes de l'Aurore;
Les roses et les lis, de leurs douces odeurs
N'embaument plus les airs, et perdent leurs couleurs.
Tout se fane et languit. La vue épouvantée
Se perd dans les torrens d'une flamme empestée;
La Terre dans son sein a renfermé les eaux;
L'inexorable Ciel n'ouvre plus ses canaux.
Il vomit seulement la foudre, les tempêtes,
Et le front de la nuit est chargé de comètes.
L'ombre fuit à l'aspect de leurs cheveux flottans:
L'œil cherche ces abris, ces arbustes charmans,
Où les chantres ailés soupiraient leur ramage....
Les bois ne versent plus la fraîcheur ni l'ombrage;
Des nuages impurs de leurs flancs entr'ouverts,
Lancent à flots pressés la grêle et les éclairs:
Tout tombe sous leurs coups; mais ces masses stériles
Sur le trône de l'air reposent immobiles.

Les guerriers de Bouillon, accablés de travaux,
Ne peuvent plus goûter les douceurs du repos;
Le sommeil ne vient plus par son baume propice
Suspendre un seul moment le cours de leur supplice;

CHANT XIII.

Ils veillent pour sentir l'excès de leurs malheurs ;
La soif de leur état augmente les horreurs.
Le barbare Aladin infecta les fontaines ;
Les plus âcres poisons circulent dans leurs veines.
Le Siloë, jadis si tranquille et si pur,
Qui rouloit lentement sur un sable d'azur,
Aujourd'hui desséché ne mouille plus ses rives.
Quand ce fleuve fameux, dont les eaux fugitives
Enrichissent des sels de la fécondité
Les campagnes d'Egypte et son sol enchanté,
Traînerait sur ces bords ses ondes fortunées,
Des soldats de Bouillon les troupes consternées
Ne pourroient étancher dans ses flots argentés
L'impérieuse soif dont ils sont tourmentés.
Inutiles souhaits ! Le fiel qui les dévore,
Par un doux souvenir semble s'aigrir encore.

Quelquefois la pensée ajoute à leurs ennuis.
Elle leur peint tantôt ces bocages fleuris
Où du creux des rochers, une eau brillante et pure
Fuyaient dans la prairie avec un doux murmure :
Tantôt, ces verds côteaux où, toujours plus vermeil,
Le fruit s'arrondissait aux rayons du soleil....
Mais ces rians tableaux redoublent leur misère ;
Leur douleur se nourrit d'une vaine chimère,
Elle s'exhale en vain, et leurs gémissemens
Loin de les appaiser accroissent leurs tourmens.

Ces guerriers qui, jadis vainqueurs de la nature,
Ne fléchirent jamais sous la pesante armure;
Ces héros qui, jouets des caprices du sort,
Bravèrent mille fois les combats et la mort,
Aujourd'hui, se livrant aux plus vives alarmes,
S'étendent sur le sable, et l'arrosent de larmes.
Un feu secret les brûle, et leur sang embrasé
Coule plus lentement dans leur sein épuisé.

Le coursier languissant, et la tête penchée,
Ne broute qu'à regret une herbe desséchée;
Il ne se souvient plus de ces jours glorieux,
Où, dans les champs de Mars, libre et victorieux,
A la voix de son maître il semait le carnage.
Sa fierté se dément; il n'a plus de courage;
Ces riches ornemens dont il était si vain,
Ne sont qu'un vil fardeau qu'il porte avec dédain.
Couché sur le rivage, ici le chien fidèle
Se débat sous l'excès d'une chaleur mortelle;
Haletant, oppressé, l'air qu'il ne peut souffrir
Pèse sur les poumons qu'il devait rafraîchir.

Les Chrétiens éperdus se lèvent en tumulte....
« Eh quoi donc! au tyran faudra-t-il rendre un culte?
» Que veut ce fier Bouillon? Qu'ose-t-il espérer?
» A de nouveaux combats croit-il se préparer?

CHANT XIII.

» Et comment triompher d'une armée ennemie ?
» Le ciel même s'oppose à sa marche hardie.
» Il ne reconnait point son terrible courroux ;
» Son bras s'est dès long-temps appesanti sur nous.
» Ces prodiges divers, ces monstres implacables,
» Ces fantômes, du bois protecteurs redoutables,
» Ce soleil, qui sur nous a rassemblé ses traits,
» Tout n'annonce-t-il pas la fin de nos succès ?

» Des volontés des dieux secret dépositaire,
» Croit-il dans les écarts d'un orgueil téméraire,
» Que nous bravions encor ce climat détesté
» Pour conserver son sceptre et son autorité ?
» Pense-t-il, ce mortel enivré de lui-même,
» Que nous devons, soumis à son pouvoir suprême,
» Sacrifier ici des jours qui lui sont dûs ?....
» Voilà donc des héros les sublimes vertus !
» Voilà l'humanité dont son grand cœur s'honore !
» Tandis que la chaleur nous brûle et nous dévore,
» Que les fleuves rians pour nous se sont taris,
» Seul, tranquille au milieu de ses vils favoris,
» Il trace encor les plans de nouvelles batailles,
» Et le vin de Lesbos humecte ses entrailles ».

Tels étaient des soldats les cris et la douleur.
Mais Tatin, de ses Grecs attise la fureur.

Déjà, las de marcher sous la même bannière,
Il ne peut réprimer sa trop juste colère.
« Amis, dit-il, pourquoi comme de viles troupeaux
» Attendre que la mort vienne adoucir nos maux ?
» Que Bouillon, s'il le veut, aveugle en sa folie,
» Enchaîne à ses drapeaux le peuple d'Italie;
» Qu'il obtienne avec eux le trépas qui l'attend,
» Que m'importe ? Pour moi, je m'éloigne à l'instant ».
Il dit; et quand la nuit commence sa carrière,
Il cesse de fouler cette terre étrangère.
Plusieurs, par son exemple à la fuite entraînés,
Quittent en blasphêmant ces bords infortunés.

Ils marchent sur ses pas, et la naissante aurore
Apprend à Godefroi le malheur qu'il ignore.
Il ne veut pas contre eux s'armer de son pouvoir;
Mais c'est sur l'Eternel qu'il fonde son espoir.
Il élève vers lui sa fervente prière :
« Dieu puissant ! qui pour nous a la bonté d'un père !
» Toi, qui daignas jadis verser du haut des airs
» Une fraîche rosée au milieu des déserts,
» Où ton peuple souffrait une soif dévorante;
» Si d'un mortel pieux tu sus remplir l'attente,
» Quand, frappant de sa main un aride rocher,
» De ses flancs endurcis l'onde put s'épancher,
» Réponds à nos desirs, et renouvelle encore

CHANT XIII.

» Ce secours précieux que mon armée implore.
» Faudra-t-il qu'un tyran, comblé de tes faveurs,
» Du haut de ses remparts insulte à nos malheurs » ?

Au sommet de l'Ether est un trône terrible
Que la foudre environne et rend inaccessible;
Le ciel même ébloui de sa vive splendeur,
D'un œil respectueux mesure sa hauteur.
Les astres sous ses pieds fournissent leur carrière;
Il est avant les temps, l'espace et la lumière,
Et les saints prosternés, redoutant son aspect,
Frissonnent devant lui de crainte et de respect.

C'est là que, reposant dans une paix profonde,
Dieu maintient à son gré l'ordre éternel du monde :
C'est de là qu'il entend les vœux de Godefroi....
Il sourit à ses vœux, sûrs garans de sa foi,
Et, de cet air serein qui calme les tempêtes....
« Ecartons les fléaux qui grondent sur leurs têtes;
» Il est temps d'épargner ces généreux guerriers.
» Déjà plus d'un revers a flétri leurs lauriers;
» Déjà les élémens, et le ciel et la terre
» Se sont unis contre eux aux périls de la guerre.
» Leurs destins vont changer. Que les plus grands succès
» Couronnent leur constance et servent leurs projets.

» Qu'il pleuve.... Que Renaud rejoigne son armée,
» Et que d'un nouveau zèle elle soit enflammée.

Il dit : le ciel s'émeut sur ses pôles troublés,
L'Océan et les monts frémissent ébranlés ;
Leurs humides vapeurs enfantent les orages,
Et la foudre serpente au milieu des nuages ;
Tout annonce aux mortels la clémence d'un Dieu.
L'éclair vole porté sur ses ailes de feu ;
De son char ténébreux, épaississant les ombres,
Une effroyable nuit étend ses voiles sombres ;
De rapides torrens tombent du haut des airs,
Et les ruisseaux grossis se perdent dans les mers.

Comme on voit dans l'été des oiseaux aquatiques
Parcourir, en criant, les rives atlantiques,
Se plonger dans les flots, en sortir tour à tour,
De même les Chrétiens célèbrent ce beau jour.
Chacun remplit son casque, et d'une main tremblante
Approche de sa bouche une onde bienfaisante.
D'autres, en se jouant, la versent sur leurs corps,
Tout au loin retentit de leurs joyeux transports :
La terre languissante a repris sa parure,
Et cet instant finit le deuil de la nature.
Elle embellit son sein des plus fraîches couleurs,
L'espace est embaumé du pur esprit des fleurs,

CHANT XIII.

Les brûlans aquilons retiennent leurs haleines ;
Le zéphyr amoureux, dégagé de ses chaînes,
Rafraîchit les vallons, voltige dans les airs,
Et d'un doux mouvement anime l'univers.
Les ormes redressant leurs cimes inclinées,
Boivent tous les trésors de ces eaux fortunées ;
Ils enlacent déjà leurs rameaux ondoyans,
Et les hôtes des bois recommencent leurs chants.

Telle en proie aux tourmens de la mélancolie,
Une jeune beauté ne tient plus à la vie ;
Les poisons de l'ennui ternissent ses appas ;
Elle semble toucher aux portes du trépas ;
Ses yeux n'ont plus d'éclat, une pâleur touchante
Fane le vermillon de sa bouche charmante ;
Mais un fils d'Esculape, usant de son pouvoir,
Appaise ses douleurs, et la rend à l'espoir.
D'une main protectrice il vient sécher ses larmes.
Comme de son réveil elle goûte les charmes !
O prestige de l'art ! Ses attraits embellis
Se peignent des couleurs de la pourpre et du lis ;
Elle reprend déjà sa guirlande de rose,
Et l'amour s'applaudit de sa métamorphose.

L'orage cesse enfin ; et, dans ses arsenaux,
Le ciel a renfermé les foudres et les eaux.

L'horizon s'éclaircit, le jour naît, l'air s'épure,
Le soleil amoureux caresse la verdure....
O reine des vertus ! ô foi de nos aïeux !
Tu changeas des saisons le cours impérieux ;
Tu triomphas du sort, et ta sainte prière,
Du Dieu qu'elle invoquoit désarma la colère.

FIN DU CHANT TREIZIÈME.

LA
JÉRUSALEM DELIVRÉE.
CHANT QUATORZIÈME.

SOMMAIRE

DU CHANT QUATORZIÈME.

Hugues apparaît en songe à Godefroi. Il lui conseille de rappeler Renaud. Bouillon, docile à la voix du messager céleste, charge deux guerriers de cette haute entreprise. Ils partent et rencontrent un vieillard sur le bord du fleuve qui baigne les murs d'Ascalon. Ils descendent avec lui dans les entrailles de la terre, et là ils apprennent de sa bouche le sort du jeune Renaud, et l'amour subit qu'Armide avait conçu pour lui.

CHANT QUATORZIÈME.

La nuit pressait son cours, et son char de saphir
Roulait au haut des airs sur l'aile du zéphyr.
Sa fraîcheur donne au monde une grace nouvelle ;
Les nuages légers qui flottent autour d'elle,
Epanchant de leur sein les sucs générateurs,
Humectent la verdure et font germer les fleurs.
Les vents de leur haleine agitent le feuillage,
Et la sœur de Progné soupire son ramage.

Dans les bras du sommeil le camp enseveli,
Des fatigues du jour goûtait le doux oubli.
Aux charmes du repos la terre étoit livrée....
Mais l'arbitre suprême, assis dans l'empirée,
Veille, et sur l'univers jaloux de ses bienfaits,
Abaisse un œil perçant qu'il ne ferme jamais.
Bouillon, en ce moment, sans soins et sans alarmes
Reposait, fatigué du tumulte des armes.

Non loin de ce palais que l'astre des saisons
Dore du vif éclat de ses premiers rayons,
S'élève dans les cieux une porte brillante
D'où s'échappe du jour la lumière naissante.

De là, sur les mortels aux douleurs condamnés,
Volent, en se jouant, les songes fortunés ;
Ils versent dans les cœurs l'espérance et la joie.
De là, le songe heureux que l'Eternel envoie
Etend ses ailes d'or ; et, plus prompt que l'éclair,
Descend vers Godefroi du sommet de l'Ether.

Aux regards du héros l'Olympe se présente.
Il se croit transporté dans la sphère éclatante ;
Il embrasse, il parcourt ces orbes lumineux,
Cet espace inondé d'un océan de feux....
Mais, tandis que son œil se perd dans l'étendue,
Un céleste guerrier vient éblouir sa vue :
Son front est ombragé d'un casque radieux,
Son port est imposant, son souris gracieux,
L'incarnat le plus pur brille sur son visage,
Où la fierté s'allie aux graces du bel âge.

« Godefroi, lui dit-il, reconnois-tu mes traits ?
» C'est Hugues, ton ami.... ». Le héros des Français
Envisage à ces mots le divin émissaire :
Trois fois il tend les bras ; tel qu'une ombre légère,
Hugue échappe trois fois à ses bras caressans....
« Cesse, mon cher Bouillon, des efforts impuissans,
» Je suis un esprit pur, une vive substance,
» Dont le Très-Haut lui-même a composé l'essence.

CHANT XIV. 87

» Dans son temple immortel tes guerriers généreux
» Jouissent loin de toi du sort le plus heureux :
» Ils habitent enfin les célestes demeures.
» Quand sur le char rapide attelé par les Heures,
» Le temps aura pour toi marqué l'instant fatal,
» Tu pourras de leur gloire être l'heureux rival.

» Mais pour t'en rendre digne il faut punir le crime,
» Briser le joug de fer qui pèse sur Solime,
» Et fonder dans ses murs un empire chrétien
» Dont ton frère après toi deviendra le soutien.

» Pour ranimer encor ton amour et ton zèle,
» Ami, lève un moment ta timide prunelle :
» Vois ces traits enflammés qui sillonnent les airs,
» Et ces astres roulans dans leurs orbes divers ;
» Mesure, si tu peux, leur grandeur infinie,
» Ecoute leurs accords et leur pure harmonie ;
» Puis jette tes regards sur cet amas fangeux
» Tourmenté par les vents et les flots orageux.
» Pour les faibles humains quelle triste carrière !
» Comme dans les écarts d'un orgueil téméraire
» A toute la nature ils prescrivent des loix !
» Comme de mille maux accablés à la fois
» Ils osent s'arroger l'autorité suprême,
» Et jusque sur son trône interroger Dieu même !

» Dans quelle solitude, au fond de quels déserts
» Ils étalent leur faste, et se forgent des fers !
» Quel théâtre borné pour les desirs de l'homme !
» O démence ! ô folie ! un insecte, un atome,
» Enveloppe son front du bandeau de l'erreur,
» Et sur un grain mouvant croit trouver le bonheur.
» Vil esclave, il s'endort au sein de la mollesse,
» Et brigue des trésors, garans de sa faiblesse.

» O mon fidèle ami, lui répond Godefroi,
» De mon cœur alarmé daigne bannir l'effroi.
» Je prête à tes leçons une oreille docile.
» Environné d'écueils dans ce monde fragile,
» Montre-moi le chemin où je dois m'engager....
» — Ce chemin tu le tiens. Marches-y sans danger.
» La Sagesse te guide, et sa main protectrice
» Raffermira tes pas aux bords du précipice.
» Mais voici le conseil que je puis te donner.
» Au fils du grand Berthold il te faut pardonner;
» Son exil a suffi pour expier son crime :
» Lui seul doit seconder le beau feu qui t'anime;
» Le destin l'a choisi pour vaincre à tes côtés.
» Devant lui tomberont ces remparts redoutés;
» Des monstres de l'enfer, des hordes ennemies,
» Seul il terrassera les forces réunies.
» Lui seul peut couronner vos glorieux travaux.

CHANT XIV.

» — Mais dois-je parmi nous rappeller ce héros ?
» Toi, qui lis dans mon cœur, tu vois combien je l'aime.
» Puis-je, sans avilir ma puissance suprême,
» A mes justes regrets donnant un libre cours,
» Aux yeux de mes soldats réclamer son secours ?
» Eh ! qui sait en quels lieux, dans quel climat sauvage
» Il promène ses pas et son jeune courage ?
» Son retour blesse-t-il la majesté des loix ?....

» L'Éternel le commande, obéis à sa voix.
» Bouillon ne doit jamais descendre à la prière ;
» Mais il peut, sans blesser son noble caractère,
» De ses dignes amis remplir enfin l'espoir,
» Et répondre à leurs vœux sans trahir son devoir.
» Guelfe chéri du ciel, implorant ta clémence,
» Disposera bientôt ton cœur à l'indulgence.
» Il te conjurera d'oublier les erreurs
» Du jeune chevalier qui fait couler ses pleurs.
» Je sais qu'en ce moment, esclave d'une femme,
» Aveuglé par l'amour qui dévore son ame,
» Il languit loin de vous, dans le sein des plaisirs....
» L'honneur étouffera ces criminels desirs.
» Pierre, à qui le Très-Haut révèle ses mystères,
» Guidera deux guerriers vers ces bords solitaires.
» Renaud, à leur aspect recouvrant sa fierté,
» Rougira le premier de son oisiveté.

» Je le vois, s'arrachant des bras de la syrène,
» Abjurer son délire, et rompre enfin sa chaine.
» Il revient, et le ciel sous tes saints étendards
» Va bientôt réunir tes compagnons épars».

A ces mots il s'enfuit. Ainsi sur l'hémisphère
On voit naître et mourir une flamme légère.

UNE clarté nouvelle argentait l'univers.
Les timides oiseaux soupiraient leurs concerts;
L'aurore déployant sa tresse vagabonde,
Sur un char radieux sortait du sein de l'onde;
Et la rose et le lis, lentement ranimés,
Exhalaient leurs parfums dans les airs embaumés.

GODEFROI se réveille; et, chargeant son armure,
Devance le retour du Dieu de la nature.
Les chefs sont rassemblés par la voix des héros.
On arrive.... on s'assied.... et Guelfe dans ces mots
Exprime le desir qui le poursuit sans cesse.

« IL est temps, Godefroi, d'acquitter la promesse.
» Tous tes braves soldats n'attendent qu'un signal
» Pour arracher Solime à son destin fatal.
» Tous brûlent de cueillir cette palme immortelle
» Que la gloire réserve à leur troupe fidelle,

CHANT XIV.

» Et celui dont le bras eût pu se signaler,
» Celui que ton devoir te força d'exiler,
» Renaud enfin, Renaud, privé de ton estime,
» Errant, déshonoré, trop puni par son crime,
» Ne pourrait se flatter de combattre avec nous?....
» Il brûle, je le sens, de fléchir ton courroux.
» Quel autre, mieux que lui, peut protéger nos armes?
» Quel autre de l'enfer peut détruire les charmes?
» Qu'aux yeux de l'univers, sur tes pas, sous tes lois,
» Par de nouveaux efforts il recouvre ses droits.
» Et que son sang, versé pour la cause commune,
» Répare tous les torts que lui fit la fortune.

» Fais-le porter, Bouillon, tes ordres absolus.
» Loin d'un camp inquiet qu'il ne languisse plus.
» Où trouver un guerrier qui lui soit comparable?
» Tu le verras gravir une cité coupable,
» Le premier à l'assaut, le premier dans Sion
» Par d'éclatans succès, acheter son pardon.
» Toute l'armée attend cette faveur auguste;
» Elle va rendre encor notre cause plus juste,
» Et le monde soumis dira que Godefroi
» N'a cédé qu'à nos vœux et non pas à l'effroi.

Il dit; et tous les chefs secondent sa prière.
Bouillon à leurs desirs oppose un front sévère;

Puis, feignant de céder à l'importunité....
« Je me rends, leur dit-il, vous l'avez emporté.
» Je consens que Renaud, dont vous pleurez l'absence,
» Fasse par ses vertus oublier son offense;
» Que ce jeune héros désormais plus prudent,
» Apprenne à modérer son caractère ardent.
» Guelfe, choisis toi-même un messager fidèle,
» Qu'il porte à ton neveu l'ordre qui le rappelle ».

Il se tait à ces mots, et soudain le Danois....
« J'ose aspirer, Bouillon, à l'honneur de ce choix.
» Je m'offre à parcourir des régions lointaines,
» A braver les périls, à surmonter les peines,
» A ne point me livrer aux douceurs du repos,
» Que je n'aie à tes pieds ramené ce héros ».

Godefroi satisfait admire son courage.
Ubalde brigue encor ce pénible avantage.
Avide voyageur, Ubalde en vingt climats
Au printemps de ses jours avait porté ses pas,
Etudié les mœurs et les divers usages
Des peuples répandus sur de stériles plages.
Dans un âge plus mûr, Guelfe l'avait admis
Au rang de ses guerriers et de ses favoris.

Tels sont les deux héros à qui le sort confie
Le soin de délivrer le vainqueur de l'Asie.
Sur la foi d'un vain bruit, l'impatient Bouillon

CHANT XIV.

Les guide vers les lieux où règne Bohémont:
C'est là, c'est dans le sein de ce séjour tranquille
Qu'il croit que le héros a choisi son asyle,
Quand Pierre par ces mots dissipe son erreur.
« Amis, en écoutant une vaine rumeur,
» Vous ne pourriez remplir votre saint ministère;
» Marchez vers Ascalon. Un mortel tutélaire,
» Un sage bienfaisant y servira vos vœux.
» Reconnoissez en lui l'interprète des cieux;
» Il lit dans l'avenir.... je l'ai chargé moi-même
» Du soin de vous dicter la volonté suprême.
» Croyez à ses conseils, et forts de son secours,
» De vos dignes projets allez remplir le cours ».

Il dit.... Les chevaliers, sans sonder ce mystère,
Obéissent au Dieu dont le pouvoir l'éclaire.

Ils partent, et bientôt ils touchent à ces bords
Où du flot qui se brise on entend les efforts.
Ascalon au milieu des ondes mugissantes
Voit ses murs inondés de vagues blanchissantes;
Mais sa tête s'élève et plane sur les eaux.
Les guerriers étonnés admirent ces tableaux.
Tout-à-coup un vieillard se présente à leur vue;
Son front est le miroir de son ame ingénue.
Un habit éclatant le couvre tout entier,
Et ses cheveux sont ceints d'un rameau d'olivier.

Il marche lentement sur le fleuve rapide,
Et foule d'un pied sec cette plaine liquide.
Telle en ces lieux voisins du pôle glacial
Quand l'hiver a durci le mobile crystal,
Sur les ondes du Rhin la bergère enhardie
Parcourt d'un pas léger leur surface applanie;
Tel on voit le vieillard, sa baguette à la main,
Sur le fleuve soumis se frayer un chemin.
Bientôt près des guerriers abordant au rivage,
D'un ton majestueux il leur tient ce langage:

« Amis, rassurez-vous.... Je lis dans vos desseins,
» Et je connais le soin qu'on remit en vos mains;
» Il faut pour le remplir que mon bras vous seconde,
» Celui que vous cherchez, aux limites du monde,
» Dans un affreux désert, de glaçons entouré,
» Sommeille entre les bras d'un objet adoré.
» Ah! combien de travaux suspendront votre course!
» Des rives de l'Indus jusqu'aux pôles de l'Ourse,
» A travers les écueils, à la merci des vents,
» Sur l'abîme des mers vous voguerez long-temps;
» Mais ne dédaignez pas de visiter l'asyle
» Où je passe mes jours dans un repos utile.
» Je vous dévoilerai les importans secrets,
» Qui de votre entreprise assurent les succès ».

Soudain l'onde frémit dans ses grottes humides,

CHANT XIV.

S'enfle, écume et s'élève en deux remparts liquides ;
Elle entr'ouvre son sein.... Le sage, les guerriers
Descendent hardiment dans ces nouveaux sentiers.
Là, du jour incertain la clarté vacillante,
Ne porte qu'à regret une lueur mourante.
Telle dans les forêts, de son char nébuleux,
L'inégale Phébé lance ses pâles feux.

Les guerriers égarés sous ces voûtes funèbres,
Sondent d'un pas douteux l'épaisseur des ténèbres ;
Là sont les réservoirs de ces fécondes eaux
Qui dorment dans les lacs, serpentent en ruisseaux,
Écument en torrens, jaillissent en fontaines,
Et des fleuves divers vont enrichir les veines.
De là sortent l'Indus, le Nil, le Tanaïs,
Le Gange, l'Éridan, l'Obi, le Ximoïs,
Cent autres qui du sein de ces grottes fangeuses,
Roulent en cent climats leurs ondes orgueilleuses.
Plus loin, sur des cailloux, un fleuve impétueux
Traîne un sable liquide et des flots sulfureux :
Cette molle liqueur s'épure, se condense,
Et de l'astre du jour la secrète influence
Par degrés la transforme en ces brillans métaux,
Objets de nos desirs, et source de nos maux.

Le rivage émaillé des pierres les plus rares
Étale leurs couleurs et leurs reflets bizarres ;

Leurs feux ont triomphé de ce séjour obscur.
Là, brille le saphir et son céleste azur;
Ici, de rayons d'or la topaze étincelle:
Là, naissent l'escarboucle et l'opale infidelle;
L'émeraude y sourit aux regards enchantés,
Et le dur diamant y darde ses clartés.

Ces tableaux variés, cette pompe inconnue
Flattent les deux héros, et fascinent leur vue.
Ubalde, le premier, s'adressant au vieillard....
« O mon père! dit-il, est-ce un jeu du hasard?
» Où conduis-tu nos pas? Ah! daigne nous apprendre
» Des secrets que nos cœurs brûlent déjà d'entendre.
» Quel es-tu?.... Réponds-moi, daigne me rassurer;
» A mon étonnement je crains de me livrer.
» Ebloui malgré moi par l'erreur du mensonge,
» Ne serais-je en effet que jouet d'un vain songe?

» — De la nature ici reconnaissez les jeux;
» Vous êtes, mes amis, dans ses flancs ténébreux.
» Sans moi vous ne pourriez voir son laboratoire:
» De son divin auteur il atteste la gloire.
» Je ne suis cependant qu'un mortel comme vous.
» Du Dieu de l'univers j'ai fléchi le courroux.
» Je naquis Musulman; mais, depuis, l'onde sainte
» De mes jeunes erreurs a dissipé l'empreinte.

CHANT XIV.

» Gardez-vous de penser qu'un ascendant fatal
» Soumette à mes décrets le monarque infernal.
» Loin de moi ce pouvoir, dont la noire influence
» Dissout des élémens l'éternelle alliance,
» Bouleverse les mers, et, par d'impurs ressorts,
» Dans la nuit des tombeaux va réveiller les morts.
» La nature en tout temps fut ma seule magie;
» Dans son livre sacré chaque jour j'étudie.
» Au sein des végétaux, et des fruits, et des fleurs,
» Je me plais à puiser des remèdes vainqueurs;
» J'y surprends ces vertus dont le charme facile
» Ramène la santé dans sa prison d'argile.

» Quelquefois m'éloignant de ce sombre séjour,
» Au sommet du Carmel je devance le jour:
» Là, des astres divers qui nagent dans l'espace,
» Je mesure par fois la brillante surface,
» Ou, suivant à mon gré leurs obliques détours,
» J'apprends à calculer leur distance et leur cours;
» Je contemple de près la marche des comètes,
» Tous ces globes de feu qui roulent sur vos têtes,
» Ces sillons tortueux qu'au milieu des éclairs
» Le tonnerre décrit dans le vague des airs.
» Là, je vois sous mes pieds se former les orages,
» Les brouillards du matin s'épaissir en nuages,
» Se peindre tour-à-tour des couleurs de l'iris,
» S'étendre, tapisser les célestes lambris,

» Et, répandant au loin leurs vapeurs odorantes,
» Enfanter la rosée et réjouir les plantes.

» Je l'avouerai : jadis, dans mon impiété,
» Je crus de l'Éternel avoir l'autorité.
» Hélas ! enorgueilli de mon pouvoir suprême,
» Je ne rougissais point de m'admirer moi-même,
» Quand m'arrachant à mon illusion,
» Dans les eaux du Baptême épura ma raison.
» Alors je reconnus que ma faible paupière
» Ne pouvait supporter l'éclat de la lumière,
» Et d'un orgueil funeste à jamais revenu,
» J'abjurai les écarts d'un cœur trop prévenu.
» Mais, docile aux conseils du sage que j'honore,
» A mes premiers penchans je m'abandonne encore.
» Lui seul m'instruit en maître, il me commande en roi,
» Et de remplir vos vœux il m'impose la loi ».

Ils touchent cependant à la grotte sacrée,
De l'auguste vieillard demeure révérée ;
Sa main y rassembla les ornemens divers
Et les trésors cachés au sein de l'univers.
Il parle.... Dans l'instant plusieurs tables dressées
Réparent des guerriers les forces épuisées.
Quand ils ont satisfait à ces premiers besoins....

« Il est temps, mes amis, de vous donner mes soins ;

CHANT XIV.

» Mais il faut qu'avant tout ma bouche vous instruise
» Des moyens d'achever votre haute entreprise.

» Vous connaissez Armide et son fatal pouvoir,
» Vous savez quels ressorts l'impie a fait mouvoir,
» Comment elle a séduit cette élite guerrière
» Qui, pour suivre ses pas, quitta votre bannière,
» Et qui dans un cachot impénétrable au jour,
» Sous le poids de ses fers brûlait encor d'amour.
» Vous savez que Renaud, sensible à leurs disgraces,
» Termina les malheurs attachés à leurs traces ;
» Mais vous ignorez tous par quels charmes secrets
» Cet illustre guerrier tomba dans ses filets.

» Quand Armide, témoin de ce sanglant outrage,
» Vit tous les chevaliers dérobés à sa rage,
» Cédant au mouvement de sa juste fureur....
» Oui, je saurai punir cet insolent vainqueur,
» Dit-elle ; il a bravé ma puissance suprême,
» Il a brisé leurs fers ; qu'il les porte lui-même.
» Qu'il tremble, sur lui seul mes coups vont éclater,
» On ne dira jamais qu'il ait pu m'insulter ;
» Il mourra.... Mais sa mort n'adoucit point ma peine ;
» Elle flatte mon cœur sans suffire à ma haine ;
» Dans sa chûte entraînons un peuple que je hais.
» Si le ciel qui le guide a trahi mes projets,

» L'enfer va seconder la fureur qui m'anime :
» Le crime me servit, ayons recours au crime.

» ELLE dit ; et soudain dans son cœur agité
» Elle adopte un dessein avec art médité,
» Et vole vers les lieux où le fils de Sophie
» De ses fiers compagnons avait sauvé la vie ;
» Elle y trouve les traits dont il armait son bras.
» Renaud, par un motif que je ne connais pas,
» Y laissa son armure, et la reine infidelle
» En couvrit d'un soldat la dépouille mortelle.
» Non loin de ce cadavre elle place un berger.
» Les Chrétiens inquiets courent l'interroger :
» Le fourbe dans leurs cœurs jette la défiance.
» On crut que Godefroi, dans sa noire vengeance,
» Armant contre Renaud de secrets assassins,
» Avait tranché les jours du plus grand des humains :
» Tel est de la vertu l'immortel avantage !
» Un regard de Bouillon dissipa ce nuage.

» ARMIDE cependant trame d'autres complots ;
» Sur les bords de l'Oronte elle attend le héros,
» Aux lieux où dans son cours, plus lent et plus tranquille,
» Ce fleuve de ses eaux embrasse et forme une isle,
» Et sur un sable pur se promenant en paix,
» Baigne ces bords parés de gazons toujours frais.

CHANT XIV.

» A ce sol enchanté le chevalier arrive ;
» Une colonne d'or s'élève sur la rive.
» Sur un marbre sorti des mines de Paros,
» La perfide princesse avait gravé ces mots :
» INVINCIBLE GUERRIER, TOI DONT LA DESTINÉE
» TE PERMET D'ADMIRER CETTE ISLE FORTUNÉE,
» PASSE AU-DELA DU FLEUVE, ET VIENS DANS CE SÉJOUR
» QUE PARENT A L'ENVI LA NATURE ET L'AMOUR.

» Le guerrier entraîné par la fougue de l'âge,
» S'élance dans l'esquif qui touche le rivage ;
» Déjà sur l'autre bord il avance ses pas.
» Ces grottes, ces berceaux de rose et de lilas,
» Le calme de ces bois qu'arrose une onde pure,
» Ces arbustes en fleurs, cette fraîche verdure,
» L'haleine du zéphyr et le chant des oiseaux,
» Flattent légèrement l'invincible héros.

» Il commence à rougir d'un instant de faiblesse.
» Cependant, par degrés, cet aspect l'intéresse ;
» Un pouvoir inconnu le retient dans ces lieux ;
» Il s'assied, et respire un air délicieux.
» Soudain l'onde bouillonne : une vague en furie
» Roule, écume, bondit, murmure et se replie,
» Renaud la considère avec étonnement....
» Bientôt il voit flotter sur l'humide élément

» D'une jeune beauté la blonde chevelure ;
» Bientôt elle paraît sans voile et sans ceinture.
» Que de secrets trésors, ouvrage des amours !
» Quel dieu d'un sein d'albâtre arrondit les contours !
» Que d'attraits différens, que de beautés écloses !
» Quelles touffes de lis qui se mêlent aux roses !

» Telle, quittant Thétis et son palais obscur,
» Vénus parut jadis sur sa conque d'azur ;
» Tandis qu'à ses côtés les jeunes Néréides
» Répandaient le corail sur les plaines liquides,
» Et que les dieux marins, par le plaisir vaincus,
» Se traînaient, pour la voir, sur les pas de Glaucus ;
» Où telles ces beautés dont la voix séductrice
» Se perdit en vains sons auprès du sage Ulysse,
» Comme elles la sirène enchante au loin les airs
» Du bruit harmonieux de ses tendres concerts.

» O vous ! que le printemps couronne
» Des roses de la volupté,
» N'attendez pas d'être à l'automne
» Pour rendre hommage à la beauté.
» Insensés ! cette renommée
» Dont le vain éclat vous séduit,
» N'est qu'une ombre, et qu'une fumée
» Que le moindre souffle détruit.

» Heureux qui jouit de la vie,
» Qui, loin de l'austère raison,
» Cueille d'une main plus hardie
» Les fleurs de la jeune saison !
» Plus heureux qui suit la nature,
» Qui s'abandonne à ses désirs,
» Et sur des trônes de verdure
» S'endort dans les bras des plaisirs !

» Il n'est qu'un temps pour la jeunesse,
» Il n'est qu'un temps pour le bonheur ;
» N'attendez point que la vieillesse
» Dissipe un rêve séducteur.
» Que le présent vous dédommage
» D'un avenir trop incertain ;
» Hélas ! pourquoi craindre l'orage
» Quand le ciel est pur et serein ?

» Jouissez sans inquiétude,
» Et que votre ame sans remords
» Dans cette douce solitude
» Se livre à ses brûlans transports.
» Ecartez de tristes nuages
» Et des souvenirs douloureux ;
» Vous serez toujours assez sages
» Si vous êtes toujours heureux.

» Voyez dans les bosquets de Flore
» La fleur qu'embellit le matin,
» Au fils d'Eole et de l'Aurore
» Ouvrir les trésors de son sein ;
» Son éclat, il est vrai, s'efface,
» Elle ne brille qu'un seul jour ;
» Mais sans regret elle le passe
» Dans les caresses de l'Amour.

» C'est à l'ombre des jeunes hêtres
» Que ce dieu fait voler ses traits ;
» Courez sous ces tonnes champêtres
» Vous enivrer de ses bienfaits.
» Que le ciel entr'ouvre la nue,
» Qu'il lance ses feux pâlissans ;
» Près d'une nymphe demi-nue,
» Bravez ses foudres impuissans.

» Par ces divins accords l'habile enchanteresse
» Plonge le chevalier dans une molle ivresse.
» Le sommeil par degrés s'empare de ses sens,
» Il tombe appesanti sur les gazons naissans.
» Soudain Armide sort du lieu qui la recèle,
» Un homicide fer dans sa main étincèle....

» Mais quand elle a fixé ce superbe ennemi....
» O prodige ! ô bonheur ! son cœur mal affermi

CHANT XIV.

» Se refuse à servir le transport qui l'égare.
» La vengeance s'éteint dans son ame barbare.
» Trois fois, prêt à frapper, son bras s'est ranimé ;
» Trois fois par son aspect son bras est désarmé,
» Quand elle voit ce front que l'incarnat colore,
» Et ce tendre souris qui l'embellit encore....
» Que n'eût-elle pas vu, si de ses yeux charmans
» L'Amour avait lancé ses dards les plus brûlans !
» Elle n'ose avancer ; elle pâlit, soupire,
» Plaint ce jeune héros, le dévore, l'admire.
» Un Dieu même modère et retient son courroux ;
» Renaud est sans défense, et se rit de ses coups.
» Déjà s'abandonnant au feu qui la tourmente,
» Cette fière ennemie est une tendre amante.
» C'en est fait ; le poignard échappe de sa main,
» Elle ne songe plus à son cruel dessein,
» Et l'Amour triomphant revole vers Cythère
» Cueillir un doux baiser sur le sein de sa mère.

» ARMIDE cependant s'assied à ses côtés ;
» Elle attache sur lui des regards enchantés,
» Se panche sur son front, comme le beau Narcisse,
» Sur l'humide crystal qui nourrit son supplice.
» De son voile brillant les replis inégaux
» Recueillent la sueur qui mouille le héros ;
» Et le souffle amoureux de sa bouche vermeille
» Rafraichit l'air brûlant du guerrier qui sommeille.

» Ses lèvres de corail errent légèrement
» Sur les lèvres de feu de son nouvel amant;
» Des lilas et des fleurs qui parfument ces plaines
» Son art a composé d'indissolubles chaînes;
» Elle en serre les mains de l'objet de ses vœux,
» Le place sur son char, et se perd dans les cieux.

» Ce n'est point à Damas que, déposant sa proie,
» Elle va s'enivrer de plaisir et de joie;
» Honteuse de sa flamme, et craignant l'univers,
» Elle va la cacher au vaste sein des mers,
» Dans une isle déserte, où la nature ingrate
» A l'œil épouvanté n'offre rien qui le flatte.
» C'est là qu'elle bâtit un magique palais !
» La neige et les frimas en défendent l'accès.
» Son art a su parer cette terre stérile,
» L'émailler de verdure et la rendre fertile.
» Dans ces vastes jardins, ces fortunés amans
» Jouissent tous les deux d'un éternel printemps;
» Tous deux abandonnés à la plus douce ivresse
» Coulent des jours charmans filés par la mollesse;
» Sur ces bords ignorés, asyles des Plaisirs,
» Le temps vole et s'enfuit sur l'aîle des Zéphyrs.

» C'est à vous, chevaliers, c'est à votre courage,
» D'arracher le héros de son vil esclavage.

» Des monstres rugissans veillent autour de lui....
» Méprisez leur fureur; je serai votre appui.
» Quand vous aurez quitté cette rive inconnue,
» Une femme viendra s'offrir à votre vue :
» Vous la reconnaîtrez à ces brillans cheveux
» Qui parent de son front l'éclat majestueux,
» Des plus fraîches couleurs sa robe est diaprée ;
» Elle vous guidera sur la plaine azurée,
» Et vous fera franchir avec rapidité
» La route qui conduit au séjour enchanté.

» Là, de nouveaux pythons, des monstres implacables,
» Dresseront contre vous leurs têtes redoutables ;
» Là, des ours, des dragons, des tigres furieux,
» Des lions dévorans paraîtront à vos yeux.
» Bravez tous ces dangers, que rien ne vous arrête ;
» Ils fuiront au seul bruit d'une simple baguette
» Que je dois en partant remettre dans vos mains.
» Reposez-vous sur moi du soin de vos destins.
» Sur la cime du mont un péril plus perfide
» Cachera sous des fleurs son venin homicide ;
» Une claire fontaine y promène ses eaux :
» Gardez-vous de toucher à ses funestes flots.
» Quiconque ose céder à la soif qui l'entraîne
» Est atteint, malgré lui, d'une ivresse soudaine,
» D'une fatale joie il goûte le transport,
» Et des ris insensés le mènent à la mort.

» Fuyez, épargnez-vous leur atteinte imprévue;
» Fuyez les mets exquis offerts à votre vue,
» Sur ces bords enchanteurs artistement jettés;
» Fuyez au doux aspect d'infidelles beautés
» Qui vous appelleront d'une voix caressante;
» Leur souris gracieux, leur grace séduisante,
» Tous leurs attraits enfin, leurs discours mensongers,
» Fruits d'un art criminel, sont de nouveaux dangers.
» Volez sans différer vers l'obscur labyrinthe
» Qui cache du palais la fastueuse enceinte;
» Mais d'une carte d'or l'ingénieux secours
» Vous en dévoilera les plus secrets détours.

» Dans le riant jardin, à l'ombre d'un bocage
» Où de la volupté tout retrace l'image,
» Vous verrez le héros brûlant d'un fol amour
» Respirer les poisons de ce fatal séjour.
» Assise auprès de lui sur la tendre verdure,
» Armide de ses feux entretient l'imposture.
» Quand elle aura quitté l'invincible héros,
» De son cruel sommeil dissipez les pavots;
» Faites parler le ciel dont il trahit la cause;
» Au sein du bouclier que pour vous je dispose,
» Qu'il contemple à la fois, et ces vains ornemens,
» Et l'odieux motif de ses égaremens.
» Alors, n'en doutez point, le dépit et la honte
» Casseront de son cœur le penchant qui le dompte.

» Cependant, mes amis, déjà du haut des airs
» La nuit sous son égide a caché l'univers :
» Séparons-nous. Demain quand vous verrez éclore
» Les rayons fugitifs qui couronnent l'aurore,
» Partez, courez remplir vos illustres destins. »

Il dit ; et sur un lit formé de joncs marins,
Il laisse les guerriers se livrer en silence
Au charme séducteur d'une douce espérance.

FIN DU CHANT QUATORZIÈME.

LA JÉRUSALEM DÉLIVRÉE.

CHANT QUINZIÈME.

SOMMAIRE
DU CHANT QUINZIEME.

Les deux guerriers conduits par une femme inconnue s'embarquent. Elle leur apprend la future découverte du nouveau monde. Ils arrivent aux isles Fortunées, séjour de l'enchanteresse. La beauté de ces lieux les ravit, mais ils ferment l'oreille aux accords touchans de la volupté, et triomphent des Sirènes qui cherchent à les séduire. Vainqueurs de tous les obstacles, ils entrent dans le palais d'Armide.

CHANT QUINZIÈME.

Vesper brillait encore, et déjà sur les fleurs
L'aurore répandait le tribut de ses pleurs ;
L'amante de Zéphyre auprès de sa corbeille
Respirait les parfums de la rose vermeille,
Et du palais du Jour les cent portes d'azur
Commençaient à rouler sur des gonds d'un or pur,
Quand l'auguste vieillard, fidèle à sa promesse,
Va joindre les guerriers dont le sort l'intéresse.
Il dépose en leurs mains les gages précieux
Dont l'utile secours doit couronner leurs vœux.
« Avant que le soleil ne verse la lumière,
» Amis, allez remplir votre saint ministère,
» Dit-il : voilà les dons que je vous ai promis ;
» Par eux vous abattrez vos nombreux ennemis ».

A ces mots il sourit, les flatte, les rassure,
Les engage avec lui sous une voûte obscure,
Leur donne des moyens qu'ils ne connaissaient pas,
Et jusqu'au lit du fleuve accompagne leurs pas.
Leurs yeux y sont frappés de la clarté soudaine ;
Un esquif les reçoit, et l'onde qui l'entraîne,

Fière de bouillonner sous le poids des héros,
Précipite le cours de ses rapides flots.
Un vaisseau tout-à-coup se présente à leur vue :
Sur la pouppe est assise une femme inconnue ;
Elle paraît à peine entrer dans son printemps ;
Son front est ombragé par ses cheveux flottans ;
D'un feston de lilas sa tête est couronnée ;
Et sa robe voltige aux vents abandonnée.
On y voit à la fois et renaître et mourir
L'éclat de l'émeraude et celui du saphir.
De diverses couleurs tour à tour décorée,
Elle éblouit les yeux, les trompe, les récrée.
Tel l'oiseau de Junon, au flambeau de Phébus
Étale son plumage et ses cercles confus.

Dans ses regards sereins son ame se décèle....
« Intrépides guerriers, approchez-vous, dit-elle.
» Le vertueux mortel dont vous suivez la voix,
» Et qui depuis long-temps m'a soumise à ses loix,
» Me charge de guider votre marche incertaine....
» A des ordres si doux je souscrirai sans peine.
» Au sein de ce vaisseau toujours en sûreté,
» On brave les fureurs de Neptune irrité.
» En vain le dieu du jour, enfantant les orages,
» Amasse sur les mers de sinistres nuages,
» Il méprise la foudre et le choc des autans ».

CHANT XV.

ELLE dit; et la nef les reçoit dans ses flancs.
L'onde blanchit d'écume, et la vague allumée
Se brise sur l'airain dont la proue est armée.
Le fleuve, auparavant resserré dans son lit,
S'augmente par degrés, s'élève et s'agrandit ;
Dans son cours orgueilleux il bouillonne, s'irrite,
Et réunit ses eaux à celles d'Amphytrite.
Alors, les aquilons dans les airs déchaînés,
N'altèrent plus la paix de ces flots fortunés :
Eole les rappelle, et l'amoureux zéphyre,
De son souffle léger ride l'humide empire ;
Le ciel est plus riant, plus tranquille, plus pur,
Et le calme s'assied sur un trône d'azur.

ASCALON disparaît. Gaza s'offre à leur vue....
Gaza, sur les débris d'une ville abattue
Elève avec orgueil ses superbes remparts ;
Autour d'eux aujourd'hui flottent des étendards,
Tout annonce l'apprêt d'une guerre prochaine.
Les coursiers répandus sur la mobile arène,
Font jaillir sous leurs pieds des tourbillons poudreux ;
Un essaim de soldats pousse des cris affreux,
Et le cistre perçant, et la rauque trompette,
Fatiguent de leurs sons l'écho qui les répète.
Plus loin, au fond du port, des navires cachés,
Par une ancre mordante y dorment attachés.

Ailleurs, la voile s'enfle, et la rame pesante
Triomphe des efforts de la vague écumante.

« Du trône du Calife invincibles soutiens,
» Ces épais bataillons menacent les Chrétiens.
» Vous ne voyez encor qu'une faible partie
» Des forces de ce roi qui commande l'Asie.
» Chaque jour il reçoit d'innombrables renforts.
» Memphis seul a fourni ceux qui couvrent ces bords.
» Les peuples basannés des côtes de l'Afrique,
» Les habitans du Pont et de la Marmarique,
» Ceux dont le riche Indus fertilise les champs,
» Cent autres, dispersés dans des déserts brûlans,
» Viendront se réunir sous la même bannière,
» Et servir le courroux du monarque du Caire.
» Mais Renaud, une fois dégagé de ses fers,
» Croyez à la victoire, et bravez l'univers ».

Elle dit. Le vaisseau plus prompt que la pensée,
Laisse derrière lui cette troupe empressée.
Ainsi le roi des airs, dans son bruyant essor,
Paraît, en s'éloignant, se ranimer encor :
Il échappe bientôt aux regards du vulgaire,
Et se perd dans l'éclat d'une nouvelle sphère.

La nef franchit déjà dans ses vastes élans
Raffi, Rinocolure et ses sables ardens.

CHANT XV.

Ils découvrent alors cette roche escarpée,
Dépôt religieux des cendres de Pompée.
Sa cime qui s'élève au séjour des éclairs,
Réfléchit la lumière et la pourpre des airs.
Le Nil offre à leurs yeux les sept bouches profondes
Qui portent à la mer le tribut de ses ondes.
Ils rencontrent ces murs que le vainqueur d'Issus
Eleva par les mains de cent peuples vaincus,
Et ce Phare vanté, dont la vive lumière
Guidait sur le détroit le nocher téméraire.
Ils longent la Lybie, où la riche Tunis
Va frapper de son front les célestes lambris ;
Admirent Tripoli, Ptolémaïs, Cyrène,
Malthe, qu'un Dieu fixa sur l'orageuse plaine,
Et laissent derrière eux ce climat empesté,
Où reposent les eaux du fabuleux Léthé.
Ils évitent encor les funestes rivages
Que jadis habitaient les cruels Lotophages ;
Et parmi les écueils dont les flots sont couverts,
Ils trouvent la Sicile assise sur les mers.

« Regardez avec moi cette stérile plage ;
» Ces mêmes lieux, jadis, virent naître Carthage,
» Dit aux deux voyageurs celle qui les conduit.
» Mais Carthage n'est plus.... Ainsi s'évanouit
» Tout ce qu'on voit briller un instant sur la terre.
» Tout reconnaît du Temps la hache meurtrière :

» Tel est l'ordre éternel établi par les dieux.
» Les états sont détruits, leurs monumens pompeux
» Languissent maintenant ensevelis sous l'herbe....
» Cependant, ô folie! un insecte superbe,
» Ose, dans les écarts de son impiété,
» Réclamer les honneurs de l'immortalité »!

Elle dit; et bientôt ils rencontrent Biserte,
La Sardaigne, Bugie et la Côte déserte,
Où la main des mortels assira sur le roc
Les royaumes de Fez, d'Alger et de Maroc.

L'orbe du dieu du jour avait dans sa carrière
Avivé par trois fois le globe sublunaire,
Lorsque l'esquif poussé par un zéphir léger,
Dans l'immense Océan parvint à s'engager.
Ubalde, le premier, rompant un long silence,
S'adresse à l'inconnue : « O toi! dont la puissance
» Nous guide sur l'abîme et dirige nos pas,
» Au-delà de ces mers que je ne connais pas,
» Existe-t-il encor un nouvel hémisphère?

» — Quand Hercule eut dompté les monstres de la terre,
» Soustrait l'Europe entière au joug de ses tyrans,
» Et des rives d'Afrique abattu les brigands,
» Pour la première fois, accessible à la crainte,
» Il n'osa de ces lieux franchir la vaste enceinte,

CHANT XV.

» Et ne pouvant jouir de leurs sites divers,
» Il borna dans son tour cet immense univers.
» Ulysse dédaignant ces vulgaires limites,
» Après lui s'avança loin des bornes prescrites,
» Et cédant aux transports d'un desir curieux,
» Sur l'onde déploya son vol audacieux.
» Mais l'avide Océan trahit son espérance....
» Il paya de sa mort un seul jour d'imprudence.

» Ces bords sont inconnus, mais ils sont habités ;
» Le soleil y répand ses benignes clartés.
» Là, comme parmi vous, sa chaleur fait éclore
» Et des fruits et des fleurs que l'incarnat colore ;
» L'utile laboureur y trace des sillons,
» Et Bacchus et Cérès y prodiguent leurs dons.
» — Mais les peuples épars dans ces belles contrées,
» Sont-ils assujettis à des lois révérées ?
» La nature chez eux prodiguant ses bienfaits,
» Les voit-elle sans frein errer dans les forêts ?

» — Non, chacun a ses rits, sa langue et ses usages.
» Les uns à des dragons adressent leurs hommages ;
» Les autres, (ô clémence ! ô crime des humains) !
» Y redoutent des dieux, ouvrage de leurs mains !
» Quelques-uns, dans les flancs d'une horde ennemie,
» Cherchent les alimens de leur coupable vie ;

» Tous ces peuples enfin, jouets de leurs erreurs,
» N'ont qu'un culte profane et d'impudiques mœurs.
» — Ainsi le Dieu de paix, que le Chrétien révère,
» A ces infortunés refuse sa lumière.

» — Son culte quelque jour régnera sur ces lieux ;
» Les arts y porteront leur flambeau radieux ;
» Dans ces temps reculés, un mortel intrépide
» Franchira, sans pâlir, les colonnes d'Alcide ;
» La foudre vainement sillonnera les mers,
» Les fougueux aquilons déchaînés dans les airs,
» S'uniront vainement aux feux de la tempête,
» Leur courroux impuissant grondera sur sa tête ;
» Dans son rapide vol, méprisant les dangers,
» Il verra des climats et des cieux étrangers,
» Et rival du Soleil dans son cours téméraire,
» Son œil audacieux mesurera la terre.

» Ce sera toi, Colomb. Vers un pôle nouveau,
» Les vents et le bonheur pousseront ton vaisseau.
» Que les fils de Clio célèbrent la vaillance,
» Du Dieu qui vit l'Indus soumis à sa puissance,
» Que de l'amant d'Iole ils vantent les combats,
» Qu'ils nombrent les tyrans terrassés par son bras ;
» S'ils veulent raconter de plus rares merveilles,
» Qu'à vanter tes exploits ils consacrent leurs veilles.»

CHANT XV.

ELLE dit : et pour lors un incarnat naissant,
De sa tendre couleur émaillait l'Orient.
Dans le lointain obscur se présente à leur vue
Un mont dont le sommet s'enfonce dans la nue.
Ils avancent.... Phébus ne paraît point encor ;
Mais bientôt, dénouant sa chevelure d'or,
Il monte sur son char.... Un mouvement rapide
L'emporte en scintillant dans les plaines du vide.
La montagne s'alonge, et de ses vastes flancs
S'échappent des rochers et des feux dévorans.
Tel s'entr'ouvre l'Etna, qui, sous sa masse énorme,
Enveloppe le corps de ce Titan difforme,
Dont Jupiter, jaloux de son autorité,
Punit le fol espoir et la témérité.

Non loin de ce volcan, des îles fortunées,
De myrthes verdoyans et de fleurs couronnées,
Surnagent lentement sur la plaine d'azur.
Là, disait-on jadis, sous un ciel toujours pur,
Pour enrichir ses bords, la prodigue nature
N'attend point les secours de la lente culture.
On y cueille sans cesse, au sein des arbrisseaux,
Un miel plus précieux que celui de Lesbos.
Là, par un doux accord, les zéphyrs, la rosée,
Elaborent les sucs de ce frais Elysée ;
Les présens de Pomone et les dons de Cérès
Y parent les côteaux, y dorent les guérets.

Ubalde que ravit ce riant paysage
A la belle inconnue adresse ce langage :

« Souffre que sur ces bords je hasarde mes pas,
» Que j'observe à loisir les mœurs de ces climats ;
» Un jour, environné de la jeunesse avide,
» Je dirai : J'étais-là.... celle qui fut mon guide
» Me permit d'aborder à ce sol enchanté.

» Je suis loin de blâmer ta curiosité ;
» Mais la loi du destin, immuable et sévère,
» A tes nobles desirs oppose une barrière ;
» Il ne t'est point permis d'apprendre des secrets
» Que l'Océan dérobe aux mortels indiscrets.
» Cours délivrer le fils de la belle Sophie ;
» En brisant ses liens, rends-lui son énergie :
» Porter plus haut tes vœux, ce serait offenser
» Le ciel que tes vertus ont droit d'intéresser ».

La première isle alors s'arrondit et s'abaisse ;
La nef toujours docile à la main qui la presse,
Entre dans un bassin que forment deux rochers.
La fortune jamais n'y guida les rochers.
Sous ce paisible abri la mer dort en silence,
Le port est couronné d'une forêt immense,
Et dans l'enfoncement est un antre ignoré,
Que tapisse l'arbuste à Bacchus consacré.

CHANT XV.

» Voyez, dit aux guerriers leur sage conductrice,
» Sur la cime du mont ce superbe édifice:
» C'est là, c'est dans le sein d'un criminel repos
» Que sommeille aujourd'hui le plus grand des héros.
» Mais je dois vous fixer un délai nécessaire....
» Demain, dès que le jour descendra sur la terre,
» Dans le palais d'Armide allez remplir vos vœux....
» Tandis que le soleil épanche encor ses feux,
» Vous pouvez aborder à ce fatal rivage ».

Les deux guerriers remplis d'espoir et de courage
S'élancent sur la rive.... à travers des débris
Ils traînent au hazard des pas mal affermis.
Tout atteste un pouvoir vainqueur de la nature;
Le lis naît au milieu de l'humide froidure,
Le pied de la montagne est couvert de frimas;
Plus loin de verds gazons, des touffes de lilas,
Exhalent à l'envi leurs vapeurs odorantes,
Et la rose sourit sur des glaces mouvantes.
Ubalde et le Danois admirent ces tableaux,
Toujours plus variés et toujours plus nouveaux.
Ils s'arrêtent enfin dans une grotte sombre,
Où des arbres voisins versent le frais et l'ombre.

A peine le soleil dorait le haut des monts;
Ils marchent à l'éclat de ses premiers rayons;

Soudain un monstre affreux leur ferme le passage :
Ses yeux roulent, noyés de poison et de rage,
D'une épaisse fumée il couvre les héros,
Et traîne avec fracas ses tortueux anneaux ;
Il s'alonge, se courbe, et sa gueule homicide
Vomit des tourbillons d'une flamme livide....
Le chemin disparaît sous sa vaste épaisseur.

Le Danois, se livrant à toute sa valeur,
Est prêt à l'attaquer, quand Ubalde l'arrête....
Il fait siffler dans l'air la magique baguette.
O bonheur ! le serpent s'envole épouvanté :
Tout-à-coup lui succède un lion irrité ;
Il hérisse ses crins, et ses vives prunelles
Teintes d'un sang épais dardent des étincelles.
Mais le même pouvoir a glacé son courroux....
Des tigres, des dragons, des léopards, des loups,
Paraissent à la fois.... Tout ce que l'Hyrcanie,
Le Biledugerid, Barca, la Numidie,
Comptent dans leurs déserts de monstres furieux,
Semble se réunir dans ces sauvages lieux.
Ils sèment devant eux l'horreur et l'épouvante ;
Chacun dresse en grondant sa tête menaçante,
Mais en vain.... le seul bruit de la baguette d'or,
Même loin des guerriers les intimide encor.

Le couple, désormais, que la gloire accompagne,

CHANT XV.

Sans obstacle franchit le dos de la montagne.
Son sommet, que Vertumne a paré de ses dons
N'offre plus aux regards des rocs ni des glaçons.
Là, l'Eure et le Zéphyr de leurs tièdes haleines,
Entretiennent les fleurs, rafraîchissent les plaines;
Le dieu de Zoroastre, avec égalité,
D'un éternel printemps y maintient la beauté,
Et tempérant les feux de son disque d'opale,
Prodigue à ce climat le luxe qu'il étale;
Tandis que sur un lac le magique palais
Repose, et de sa cime ombrage les forêts.

Les guerriers ont senti dans cette solitude
Les tourmens de la faim et de la lassitude.
En vain pour les calmer unissant leurs efforts,
D'un pas tardif et lent ils parcourent ces bords.
Soudain du creux du roc une onde évaporée
Présente ses trésors à leur bouche altérée,
Et par d'étroits sentiers roulant ses claires eaux,
Elle court abreuver le tronc des arbrisseaux.
Bientôt dans un canal que borde la verdure,
Sous des berceaux touffus coulant avec murmure,
Elle va rajeunir les chênes ondoyans,
Velouter l'amarante et les prés verdoyans.

« Voilà, dit le Danois, la fontaine du rire.
» Résistons au pouvoir qui déjà nous attire;

» Étouffons, cher ami, nos appétits naissans,
» Et fermons notre oreille à de perfides chants ».

Alors s'offre à leur vue une table servie,
Où dans des coupes d'or pétille l'ambrosie.
Une foule de mets également exquis
Aiguillonne la faim des guerriers indécis.
Dans l'humide crystal deux nymphes à la nage
S'abandonnent aux jeux d'un tendre badinage ;
Rien ne voile leurs traits, dont le dieu des amours
D'une main délicate arrondit les contours.
Les héros sont émus.... Cette lutte charmante
Porte dans tous leurs sens une flamme brûlante ;
Ils s'arrêtent. Bientôt une des deux beautés
S'élève lentement sur les flots argentés.
Telle on voit du matin l'étoile radieuse
Quitter de l'Océan la retraite orageuse ;
Telle encore autrefois aux yeux de l'univers
Parut Vénus sortant de l'écume des mers.

A l'aspect des guerriers la nymphe moins folâtre,
Cherche à cacher l'éclat d'une gorge d'albâtre.
Dégageant ses cheveux de leur réseau de lin,
Elle en couvre la pourpre et le lis de son sein ;
Le reste de son corps humide de rosée,
Etincelle à demi sous la vague embrasée.
Que d'appas découverts !.... Que d'attraits plus confus !

CHANT XV.

L'un embellit encor l'autre qu'on ne voit plus.
Une feinte rougeur colore son visage,
Et du ton le plus doux elle tient ce langage.

« O vous ! jeunes guerriers, que des dieux bienfaisans
» Ont sans doute conduits jusqu'à ces bords rians,
» Bénissez leur pouvoir, et dans ces frais asyles
» Hâtez-vous de quitter des armes inutiles.
» Ecoutez la nature, et soumis à sa voix,
» Renoncez à la gloire, à ces tristes exploits,
» Fantômes que créa le stupide vulgaire.
» Pourquoi, dans l'âge heureux et d'aimer et de plaire,
» De l'austère raison suivre les étendards ?
» La volupté s'envole à l'aspect des hasards ;
» Ici, de la beauté tout doit porter les chaînes :
» Cédez sans résistance à ses lois souveraines.
» Son trône est sur les fleurs, le plaisir dans ses bras,
» Noyez-y vos chagrins et l'oubli des combats.
» Le printemps vous sourit et vous ceint de ses roses,
» Cueillez celles d'amour, quand elles sont écloses.
» La vieillesse bientôt, d'un souffle empoisonné,
» Ternira sur vos fronts leur éclat fortuné :
» Profitez du moment que l'Amour vous présente ;
» Mais appaisez d'abord la faim qui vous tourmente ».

Sa compagne sourit, et paraît applaudir
Au perfide discours qu'elle vient de tenir.

Telle la villageoise en un beau jour de fête,
Accorde tous ses pas au son de la musette.
Mais les deux voyageurs insensibles et sourds,
Savent fermer leur ame à la voix des amours.
Cet aspect séduisant, ces offres mensongères
Ne laissent autour d'eux que des traces légères,
Et si quelques rayons de ces feintes douceurs,
Dans un moment d'oubli brille au fond de leurs cœurs,
Aussi-tôt la raison et l'austère sagesse
Détruisent ce levain, fruit d'un instant d'ivresse.
Ils s'éloignent vainqueurs, et fiers de leurs succès,
Ils volent sans répondre au superbe palais;
Tandis que les beautés qui briguaient leur conquête,
Cachent au sein des eaux leur honte et leur défaite.

FIN DU QUINZIÈME CHANT.

LA
JÉRUSALEM DÉLIVRÉE.
CHANT SEIZIÈME.

SOMMAIRE

DU CHANT SEIZIEME.

Description du palais et des jardins d'Armide. Les deux guerriers cachés sous le feuillage, contemplent les transports des jeunes amans. Armide quitte enfin Renaud. Alors Ubalde s'avance, et présente à ses regards le bouclier de diamant. A cet aspect le courage du héros se réveille. Lui-même presse le départ, et sort du palais. Cependant Armide vole sur ses pas, et par ses larmes, ses prières, s'efforce de l'attendrir. Renaud est inflexible, et profite, pour s'éloigner, du moment où la princesse est évanouie. Furieuse, elle jure la perte du héros, fait détruire par les démons son magique palais, et s'envole sur son char. Arrivée dans la Syrie, elle rassemble ses femmes, ses guerriers, et se rend avec eux à Gaza.

CHANT SEIZIÈME.

Un jardin enchanté, des bois sombres et verds
Embrassent le palais, ouvrage des enfers.
Leur pouvoir, surpassant celui de la nature,
Se plut à dessiner sa pompeuse structure.
De riches pavillons, d'innombrables détours,
Avec art disposés, en voilent les contours,
Et les sentiers douteux d'un confus labyrinthe
Cachent à tous les yeux sa fastueuse enceinte.

Cent portes d'un or pur conduisent au palais:
La plus grande, aux guerriers ouvre un facile accès.
L'opale et les saphirs dont elle est revêtue,
De leurs reflets brillans éblouissent la vue.
Eussé-je de Zeuxis le pinceau tant vanté,
J'en peindrois la richesse, et non pas la beauté.
Mille grouppes divers vivent sur le porphyre;
Chaque figure agit, se meut, pense et respire:
La voix seule leur manque.... encor, d'après ses yeux,
On croiroit écouter leurs sons mélodieux.

Là, parmi des captifs, le héros de Stymphale,
Le fils de Jupiter file aux genoux d'Omphale.

Ce héros qui soutint le lourd fardeau des cieux,
Qui leva sur l'enfer son bras audacieux,
Manie un vil fuseau.... L'Amour, ivre de joie,
Le regarde et sourit à l'aspect de sa proie ;
Tandis que la beauté dont il subit les lois,
Jalouse d'asservir le vainqueur de cent rois,
Se couvre de la peau du lion de Néméo,
Et soulève les traits dont sa main est armée ;
La dépouille du monstre offense ses appas,
La fatigue, et meurtrit ses membres délicats.

Plus loin, avec fracas la mer gronde, s'allume,
Et roule en bouillonnant ses flots blanchis d'écume.
Un épais tourbillon, une noire vapeur,
Du céleste flambeau font pâlir la lueur.
L'onde a l'éclat de l'or. L'une à l'autre opposées,
Deux flottes font gémir les vagues embrasées ;
Des nuages de dards obscurcissent les airs,
L'armure des guerriers lance au loin des éclairs ;
Le sang coule.... Erinnis, au milieu du carnage,
Verse dans tous les cœurs ses poisons et sa rage.
Leucate réfléchit le feu de ces combats.
Auguste guide ici ses belliqueux soldats ;
Antoine traîne ailleurs les peuples de l'Aurore,
Les habitans du Nil, de l'Inde et du Bosphore.

On dirait que ces monts, dont les flancs entr'ouverts

CHANT XVI.

Recèlent le bitume et les feux des enfers,
Se déclarent entre eux une guerre homicide ;
Ou que les corps assis sur la plaine liquide,
Arrachés tout-à-coup à l'abime des mers,
Surnagent sur les flots de leurs débris couverts.
Par-tout volent le fer, la flamme et l'épouvante....
Cependant la victoire est encore flottante,
Et la mort agitant sa redoutable faux,
Se balance et moissonne un essaim de héros.

QUAND soudain on voit fuir la belle Cléopâtre,
Antoine l'apperçoit.... Antoine l'idolâtre....
Il fuit ; et succombant à ce dernier revers,
Au trop heureux Octave il cède l'univers.
Mais non, il ne fuit pas, il ne fait que la suivre.
Rempli d'un Dieu puissant, dont le charme l'enivre,
Vous le voyez pâlir, frissonner tour-à-tour,
De rage, de vengeance, et de honte et d'amour ;
Contempler d'un rival la flotte triomphante,
Et l'esquif qui sur l'onde emporte son amante.

DANS le temple d'Isis, loin du choc des combats,
Etendu sur son sein il attend le trépas.
Un souris, un seul mot de l'objet qui l'enflamme,
Appaisent le remords qui s'élève en son ame....
O pouvoir de l'Amour !.... Cependant les héros
Détachent leurs regards de ces rians tableaux.

Ils cessent d'admirer cet immense portique;
Ils sondent les replis du dédale magique.

Tel on voit le Méandre, incertain dans son cours,
Former en se jouant d'innombrables détours;
Tantôt multipliant ses routes tortueuses,
Il roule avec orgueil ses eaux voluptueuses;
De ses rives tantôt il inonde les bords,
Plonge au gouffre des mers ses limpides trésors,
Et ses flots inconstans retrouvent dans leur course
Ceux qu'un nouveau caprice attire vers sa source.
Tels du vaste palais les sinueux sentiers,
Dans leurs confus détours égarent les guerriers;
Mais enfin révélant ces secrètes issues,
Leur livre trompe l'art qui les avait conçues.

Ils parviennent bientôt au jardin enchanté,
Et leurs yeux éblouis de sa rare beauté
Errent sans se fixer sur ces divers prodiges,
D'un immortel pouvoir insidieux prestiges.

Là tout naît sans culture; une invisible main
De la terre docile épanouit le sein,
Entretient la fraîcheur des trésors qu'il renferme,
Et de ses doux présens développe le germe.
Ici des bois touffus, par les vents caressés,
Elèvent jusqu'aux cieux leurs rameaux enlacés.

CHANT XVI.

Plus loin, du creux du roc une claire fontaine
En rayons argentés s'échappe dans la plaine;
La rose aux pieds des monts exhale son encens,
Le dieu qui parfuma l'haleine du printemps,
Qui des pleurs du matin humecte la prairie,
Elabore et répand tous les sucs de la vie.

L'EGLANTIER, le platane, ornemens des bosquets,
Livrent au doux Zéphyr leurs modestes bouquets.
Le mouvement léger dans ses ailes brillantes,
Fait ondoyer des fleurs les moissons odorantes;
Et son souffle plus pur que le soir d'un beau jour,
Epanche avec le frais tous les feux de l'amour.
Le roi du ciel assis sur un char de lumière,
Poursuit d'un cours égal son immense carrière.
D'un tapis d'émeraude émaille les côteaux,
Se brise en gerbes d'or sur le crystal des eaux,
Rajeunit les attraits des filles de l'Aurore,
Et sème de rubis la corbeille de Flore.

SUR ce sol inondé des vapeurs du plaisir,
Tout brûle, tout ressent le frisson du desir.
Le feuillage frémit, le peuplier murmure;
La volupté répond au cri de la nature;
Le lierre embrasse l'orme, et le cèdre odorant
Vers le cèdre voisin s'incline en soupirant.

L'Amour enorgueilli des transports qu'il inspire,
D'un regard satisfait parcourt son vaste empire;
Et quittant de Paphos les bocages fleuris,
Fend les airs embaumés sur le char de Cypris.

Là, Pomone et Palès vivent d'intelligence.
Ici, de ses rameaux étalant l'opulence,
Le superbe oranger se déploie, et son fruit
Détaché de sa tige est soudain reproduit.
Là, sur le même tronc la pomme jaunissante
S'amollit et voit croître une pomme naissante.
La vigne entrelaçant ses pampres toujours verds,
A l'abri de l'orage et du froid des hivers,
Rampe sur les côteaux, et ses grappes dorées
Préparent leur nectar sous des feuilles ambrées.
Par-tout l'œil enchanté voit naître en même temps
Et les fruits de l'automne et les fleurs du printemps.

L'air reconnaît ici la volonté d'Armide;
Et soumis à sa voix dans sa marche rapide,
Appelant la chaleur aux pieds des arbrisseaux,
Il dirige la sève en leurs nombreux canaux.

Sous des dômes touffus la tendre tourterelle
Prodigue ses baisers à son amant fidèle;
La fille de Nisus y chante ses regrets,
Et de ses sons plaintifs éveillent les forêts,

CHANT XVI.

Philomèle, toujours seule et désespérée,
Pleure encor l'attentat du perfide Térée.

Chaque branche est un nid.... Le peuple ailé des bois
Au murmure des eaux mêle sa douce voix,
Et Zéphyr qui se joue à travers le feuillage
Accorde son haleine à ce brillant ramage.
Il en est un sur-tout, dont le bec délicat
De la pourpre de Tyr a le frais incarnat.
Le plumage étoilé qu'avec grace il étale,
Joint aux feux du rubis, l'azur, l'or et l'opale,
Et sa langue flexible articule des sons
Plus purs, plus étendus que ceux que nous formons.
Il chante.... tout se tait.... le vent même est tranquille;
Il prête à ses accords une oreille docile,
Et les hôtes légers de ces bosquets rians,
Avides de l'entendre, interrompent leurs chants.

» Voyez cette naissante rose,
» Aux premiers traits du Dieu de la clarté;
» Dans sa tunique encore demi-close
  » Cacher l'éclat de sa beauté.

» Le fils d'Eole et de l'Aurore,
» De ses appas admire la candeur;
» Elle rougit, et son sein se colore
  » Du vermillon de la pudeur.

» Déja Zéphyr, plus téméraire,
» D'un vol léger butine ses trésors.
» O doux moment!.... Quand on brûle de plaire
» S'offense-t-on de ces transports?

» Victime de leur pétulance
» Elle s'effeuille et brille un seul moment;
» Doit-on, hélas! regretter l'existence
» Quand on la perd pour son amant?

» Vous le savez, le temps s'envole,
» Rien ne suspend, rien ne trouble son cours;
» Mais que du moins le plaisir vous console
» De la fuite de vos beaux jours.

» De la nature rajeunie
» Le doux printemps ranime les attraits....
» Tout peut renaître, et la fleur de la vie
» Se fane seule pour jamais ».

Il dit: les arbrisseaux plus mollement frémissent,
A ses tendres chansons les oiseaux applaudissent.
Vous les voyez frémir d'une nouvelle ardeur....
L'écho prolonge au loin les accens du bonheur:
Des gazons mélangés émaillent la prairie;
Tout s'unit, se confond, s'enlace et se marie.
Les arbustes ornés de festons éclatans,
Agitent à la fois leurs panaches flottans,

CHANT XVI.

La chaîne de l'hymen embrasse la nature,
Et le plaisir descend dans les airs qui l'épure.
Insensibles et sourds, les austères guerriers
Parcourent d'un pas lent ces magiques sentiers.
L'inflexible vertu les couvrant d'une égide,
Leur sert tout à la fois de rempart et de guide;
Ils marchent. Ces tableaux, ces concerts amoureux,
Ces traits empoisonnés se perdent autour d'eux.
Ubalde le premier sous une voûte sombre
Croit voir les deux amans goûter le frais de l'ombre:
C'était eux en effet. Ce couple fortuné
Au délire des sens était abandonné.

Sur un lit de gazon Armide est étendue;
Aux lèvres du héros son ame est suspendue.
Une gaze d'argent voile à demi son sein:
Ses blonds cheveux, jouets du Zéphyre enfantin,
Flottent négligemment sur sa gorge d'albâtre....
Pressant contre son cœur l'objet qu'elle idolâtre,
Elle languit d'amour. Une molle sueur
Ondule sur son front éclatant de blancheur.
La flamme du plaisir brille dans sa prunelle:
Tel au crystal des eaux un rayon étincelle.

Renaud entre ses bras, consumé de desirs,
Laisse à peine échapper quelques faibles soupirs.

Lui-même se tourmente, et, d'un regard avide,
Dévore en frémissant tous les charmes d'Armide.
Ivre de tant d'appas, palpitant, oppressé,
Sur deux globes d'ivoire il gémit renversé,
Tandis que les baisers de sa jeune maîtresse
Ferment ses yeux brûlans qu'un doux nuage affaisse.

Fixé par une agrafe, aux branches d'un lilas
Pend un crystal témoin de ces tendres combats :
Des jeux de la beauté secret dépositaire,
Il ne révèle point un amoureux mystère.
Armide le remet aux mains de son vainqueur.
Ils y cherchent tous deux un objet enchanteur.
Armide de ses traits y voit l'ombre charmante ;
Renaud fait son miroir des yeux de son amante.
Le héros s'applaudit de vivre sous ses loix ;
Elle adore le dieu qui lui dicta son choix.
Il est vain de ses fers ; elle de son empire.

« CRUELLE, lui dit-il, tu ris de mon martyre.
» Tourne encore vers moi ce regard séducteur
» Qui me peint et ta flamme et mon propre bonheur.
» De tes traits dans mon cœur tu trouveras l'image.
» L'amour, dont tes appas sont le plus digne ouvrage,
» Te les rendra bien mieux qu'un fragile miroir.
» Ah ! s'il daignait au moins seconder mon espoir,

CHANT XVI.

» Si tes yeux un moment repliés sur moi-même,
» T'offraient et ton sourire et ta beauté suprême,
» Quel tableau pour ta vue : Oui ces corps radieux
» Qui roulent suspendus à la voûte des cieux,
» Peuvent seuls égaler ton éclat et tes charmes ».
Il se tait ; et son œil baigné de douces larmes
D'une gaze légère épiant les replis,
S'égare, lentement sur des touffes de lis.

ARMIDE à ce discours composant sa parure,
De ses jeunes trésors dépouille la verdure.
Sa main dans un tissu réunit ses cheveux,
Et de leurs boucles d'or rassemble tous les nœuds ;
Ils flottent sous ses doigts, et les fleurs qu'elle y mêle
Brillent comme l'émail de la saison nouvelle,
Puis, mariant la rose au lis de son beau sein,
Elle en cache l'éclat sous un voile de lin.
Iris ne vit jamais sous la voûte éthérée
De plus fraîches couleurs son écharpe parée ;
Jamais l'oiseau chéri de la reine des dieux
De sa robe d'azur ne fut plus orgueilleux.
Mais le luxe de l'art, celui de la nature
S'uniraient vainement pour former sa ceinture :
Sa main, d'un feu magique employant les ressorts,
Sut créer la Chimère et lui donner un corps ;
Seule elle y confondit les graces, le sourire,
Cet heureux abandon que le bonheur inspire,

Les refus attrayans, le calme des plaisirs,
Leurs craintes, leurs transports et leurs tendres soupirs,
Les mots entrecoupés, les pleurs nés de la joie,
Et ses épanchemens où l'ame se déploie.

Cependant l'ombre fuit, un trait faible et vermeil
De la terre et des cieux annonce le réveil :
Le jour naît, l'air frémit, l'Orient se colore,
Et déjà Sirius pâlit devant l'Aurore.
L'enchanteresse alors, au fond de son palais,
Aux charmes de son art va se livrer en paix ;
Tel est l'ordre du sort.... Mais sa bouche embrasée,
Sur celle de Renaud s'est encor reposée :
Par un tendre baiser elle lui dit adieu,
S'arrache de ses bras, et quitte enfin ce lieu.

Renaud reste enchaîné dans ces rians asyles.
Il ne peut s'éloigner de ces bosquets tranquilles.
Solitaire et pensif il erre tout le jour,
Et redemande Armide aux échos d'alentour.
Ces grottes, ces abris tapissés de verdure,
Ne flattent plus ses sens, et perdent leur parure.
Aux yeux de son amante ils devaient leurs appas....
Il s'égare, la cherche, et ne la trouve pas.

Mais quand la sombre nuit, en déployant ses voiles
Traîne au gré des zéphyrs son char semé d'étoiles,

CHANT XVI.

Quand la pâle Cynthie assise au haut des airs,
De sa clarté paisible argente l'univers,
Armide succombant à son impatience,
Court payer à Renaud la dette de l'absence.
Sous des berceaux épais, unis et confondus,
Frissonnant de plaisir, et d'ivresse éperdus,
Ils coulent tous les deux ces heures fortunées
Dont Vénus elle-même a tissu leurs journées.

Armide met un terme aux amoureux combats;
Alors les chevaliers, qui sous de frais lilas
Attendaient que le jour ranimât la nature,
Se montrent au guerrier sous leur pompeuse armure.

Tel un coursier fougueux sur les bords des ruisseaux
Erre seul et sans gloire au milieu des troupeaux.
L'air a-t-il retenti des sons de la trompette?
Joyeux il se réveille, il part, rien ne l'arrête:
Des prés avec dédain ses pieds foulent l'émail;
Déjà des flots d'écume inondent son poitrail.
Nerveux et souple, il sent sa vigueur et sa grace,
Et demande une main qui guide son audace.

Tel Renaud, quand l'acier a frappé ses regards,
Brûle de revoler au milieu des hazards.
La céleste clarté qui dessille sa vue
Porte au fond de son cœur une atteinte imprévue:

Ce cœur jadis si fier recouvre sa vertu;
Par une molle ivresse il n'est plus abattu.
Quand Ubalde s'avance.... A son bras tutélaire
Brille le bouclier du sage solitaire,
Et l'offrant aux regards de Renaud étonné,
Le héros voit les fers dont il est enchaîné,
Ses fastueux habits, ses richesses honteuses,
Ses cheveux parfumés d'essences précieuses,
Ce glaive qui lui reste, hélas! déshonoré
Par les vains ornemens dont il est décoré.

Tel, abusé long-temps par les erreurs d'un songe,
Le malade au réveil voit finir leur mensonge;
Il s'indigne et gémit de sa crédulité....
Tel Renaud, s'arrachant à son oisiveté,
Se retrouve lui-même en voyant son image.
Un fatal souvenir énerve son courage.
Plein de trouble et de honte, il n'ose mesurer
L'abîme où le destin se plut à l'égarer;
Il voudrait que le ciel, s'armant de son tonnerre,
L'engloutît tout vivant au centre de la terre.
Mais Ubalde le fixe, et lui tient ce discours:

« Bouillon par mon organe implore ton secours.
» Quiconque suit du Christ la loi sainte et chérie,
» Signale son audace aux plaines de Syrie.

» Toi seul, fils de Berthold, chargé d'indignes fers,
» Tu dors loin des combats, au bout de l'univers;
» Toi seul, enseveli dans cet obscur asyle,
» Au milieu des dangers tu restes immobile.
» Quel démon assoupit ton antique valeur?
» Qu'est devenu ce bras qui fut toujours vainqueur?
» Allons, réveille-toi, ton général t'appelle;
» Tout le camp te remet le soin de sa querelle;
» La raison à tes yeux fait briller son flambeau;
» Plus les efforts sont grands, plus le triomphe est beau.
» Viens, généreux guerrier, achève notre ouvrage;
» Un seul de tes regards va dissiper l'orage.
» Les dieux de ton retour semblent être jaloux:
» Viens, qu'un peuple barbare expire sous tes coups ».

Il se tait. Le héros que ce discours offense,
La rougeur sur le front garde un morne silence;
Mais enfin terminant ces pénibles combats,
Il cède à son dépit, et retrouve son bras.
Un feu plus pénétrant s'allume dans ses veines;
C'en est fait, il triomphe, il rompt d'indignes chaînes;
Et pressant son départ, il guide les guerriers
A travers les détours de ces obscurs sentiers.

Armide a suspendu ses magiques mystères....
Quelle surprise, ô ciel !.... Les monstres sanguinaires,

Des portes du palais surveillans assidus,
S'offrent à ses regards dans la poudre étendus.
L'homicide dragon qu'avait armé sa haine,
Privé de sentiment est couché sur l'arène :
Un soupçon inquiet commence à l'agiter....
Elle craint que Renaud ne veuille la quitter.
Bientôt la certitude a déchiré son ame....
Elle le voit, hélas ! renonçant à sa flamme,
Arracher le bandeau de son illusion,
Et d'un rapide pas fuir sa douce prison.

ELLE veut lui crier.... « Arrête, ingrat ! arrête ! »
L'excès du désespoir tient sa langue muette,
Et ses faibles accens, dictés par la fureur,
Reviennent à la fois retentir sur son cœur.
Crédule amante, hélas ! un ascendant suprême
Lui ravit ses plaisirs et le héros qu'elle aime.
Elle le sent en vain ; elle veut le punir....
Son art impérieux ne sait plus la servir.

ELLE connaît ces mots, que d'une bouche impure,
Au sommet du Tmolus Euricale murmure,
Ces sinistres accens qui de l'astre des jours
Font pâlir la splendeur, ou suspendent le cours,
Et qui, dans les cachots du ténébreux Tartare,
Evoquent de ses dieux la puissance barbare :

CHANT XVI.

Mais tout l'enfer est sourd à ses cris menaçans.
Lasse enfin de tenter des efforts impuissans,
Elle veut essayer si les pleurs d'une amante,
Si les gémissemens de la beauté tremblante
Attendriront l'ingrat qui cause son ennui....
Plus prompte que l'éclair elle vole après lui.

Que sont-ils devenus les beaux temps de sa gloire,
Où le moindre souris lui valait la victoire,
Où d'illustres captifs attachés à son char,
Se croyaient trop heureux d'obtenir un regard !
Alors, elle payait par d'injustes caprices
Le prix de cent combats livrés sous ses auspices;
Alors s'applaudissant du pouvoir de ses yeux,
Contente chaque jour de faire un malheureux,
Son cœur armé d'orgueil, s'abreuvant de leurs larmes,
N'aimait dans ses amans que l'effet de ses charmes,
Et goûtait à longs traits le plaisir inhumain
De nourrir le poison qui consumait leur sein ;
Cette reine superbe, aujourd'hui dédaignée,
Sans secours, sans espoir, trahie, abandonnée,
Idolâtre un ingrat qui brave ses douleurs.
Elle veut relever par l'attrait de ses pleurs
Le don d'une beauté, son unique ressource;
Les neiges, les frimas n'arrêtent point sa course.
Elle joint le guerrier, qui, sur le bord des mers,
S'apprêtait à quitter ces sauvages déserts.

Renaud veut s'éloigner.... mais Ubalde l'arrête....
« Oppose un front serein au choc de la tempête :
» La fuite en ce moment est indigne de toi.
» D'un retard nécessaire imposons-nous la loi.
» Quelle gloire, Seigneur ! quel triomphe suprême,
» Si tu peux voir Armide, et te vaincre toi-même !
» Ce n'est que par la force et des combats puissans,
» Que la raison s'épure, et commande à nos sens ».

La princesse s'avance.... « O toi qui m'abandonnes,
» Infidèle ! adoucis la mort que tu me donnes.
» Si tu dois me ravir la moitié de mon cœur,
» Prends celle qui me reste, et finis mon malheur.
» Pardonne au désespoir qui m'aveugle et m'entraîne.
» Je ne demande point que, sensible à ma peine,
» Tu daignes m'accorder un doux, un seul baiser ;
» Garde tous ces bienfaits.... Va, loin de m'abuser,
» Je sais qu'ils sont le prix d'une amante plus belle.
» Mais que crains-tu de moi ? Si ta flamme nouvelle
» T'engage à mépriser un bonheur qui n'est plus,
» Cruel, tu peux au moins m'accabler d'un refus ».
Elle dit. Ses beaux yeux s'éteignent dans les larmes,
Et jusqu'à ses regrets, tout ajoute à ses charmes.
Le héros attendri n'ose l'envisager.
D'un moment de surprise il connaît le danger ;
Mais ses regards confus, son trouble, sa contrainte,
Décèlent les remords dont son ame est atteinte.

CHANT XVI.

Tel avant que sa voix ne prenne son essor,
Un chantre harmonieux monte sa lyre d'or ;
Il recorde ses tons, prélude avec adresse,
Amollit notre cœur, et l'ouvre à la tendresse;
Telle Armide toujours, prompte à se déguiser,
Malgré le trait fatal qui vient de la blesser,
S'efforce de fléchir le guerrier qu'elle adore,
Et brûle d'épancher le fiel qui la dévore.
Bientôt à ses sanglots donnant un libre cours,
Son délire impuissant lui dicte ce discours:
« Renaud, ah ! ne crains pas qu'une amante en furie
» Te rappelle les jours où tu l'as tant chérie;
» Je ne le sais que trop.... Infidèle à ta foi,
» Déchirant tous les nœuds qui t'unissaient à moi,
» Tu maudis et ma flamme, et mon art, et moi-même.
» Hélas ! si te jouant de ma douleur extrême,
» Si de tous mes bienfaits perdant le souvenir,
» De t'avoir adoré ton cœur veut me punir,
» Au nom des dieux, écoute une foible victime;
» Avant de la frapper, dis-lui quel est son crime.
» La faveur qu'en tremblant ma bouche ose exiger,
» Même aux yeux d'un barbare est d'un prix bien léger;
» Aux bontés du vainqueur le vaincu s'abandonne,
» A l'ennemi soumis un ennemi pardonne.
» Dédaigne-moi, cruel ; je le veux, j'y consens ;
» Mais prête au moins l'oreille à mes derniers accens.

» Si rien ne te fléchit, si ton ame hautaine
» S'enivre avec transport des douceurs de la haine,
» Je ne viens point ici blâmer ce sentiment....
» Tu dois même à ma vue en jouir librement :
» Il est juste, sans doute; et moi, dans ma vengeance,
» N'ai-je pas des Chrétiens abhorré la puissance ?
» J'ai plus fait; c'est toi seul que j'ai voulu trahir.
» Je naquis musulmane, et devais te haïr.
» Tout me devint aisé.... Je te pris sans défense :
» Dans ces âpres déserts, retraites du silence,
» Sur ces monts couronnés par d'éternels frimas,
» Je voulais à loisir te donner le trépas.

» A ces crimes ajoute un crime plus funeste,
» Le seul involontaire, et que mon cœur déteste.
» J'allumai dans le tien tous les feux de l'amour.
» Jouet de tes desirs, esclave sans retour,
» Tu devins le tyran de ma tendre jeunesse....
» Coupable illusion ! perfide enchanteresse !
» Je te laissai cueillir la fleur de mes appas;
» Mille autres la briguaient, et ne l'obtinrent pas.
» Tu parus, tu souris; un ascendant suprême,
» Un charme impérieux me ravit à moi-même.
» O fatal souvenir trop indigne de moi !
» Je ne vis, ne connus, n'idolâtrai que toi.
» Mon ame toute entière à ton ame asservie,
» Reçut à ton aspect une nouvelle vie.

CHANT XVI.

» Pour toi, de l'univers je rejetai les vœux....
» Ce sont là mes forfaits, punis-m'en si tu veux.

» Venge-toi, venge-moi d'une indigne foiblesse ;
» N'écoute que la gloire et le soin qui te presse.
» Ingrat ! mets entre nous l'immensité des mers ;
» Vole au sein des combats t'affranchir de tes fers,
» Anéantis enfin sous tes coups sanguinaires
» Mon trône, nos autels, et la foi de mes pères....
» Que dis-je !.... ce n'est pas pour elle que je crains.
» Idole de mon cœur, toi seul fais mes destins.
» Je brave de mes dieux l'impuissante colère ;
» Renaud, voilà le dieu que mon ame révère.

» Mais au nom de l'ardeur que dans de plus beaux jours
» Tu te flattais, hélas ! de conserver toujours,
» Je n'attends, je ne veux qu'une grace dernière.
» O moitié de mon être ! accueille ma prière.
» Tu connais des héros les sublimes vertus ;
» Eh bien ! rends l'espérance à mes sens abattus.
» Sur tes pas triomphans que par-tout on me voie :
» Le brigand après lui ne laisse point sa proie.
» Le vainqueur à son char attache les vaincus :
» Que t'importe d'avoir un esclave de plus ?
» Armide sur tes pas, au rang de tes victimes,
» Entendra les Chrétiens lui reprocher ses crimes ;

» Ils aimeront à voir cette fière beauté
» Qui se joua long-temps de leur crédulité,
» Aujourd'hui dans les fers, captive et délaissée,
» Nourrir, mais sans espoir, une flamme insensée.

» Je saurai tout souffrir. Pourquoi laisser encor
» Flotter au gré des vents ces longues tresses d'or?
» Je n'aimais que pour toi ma blonde chevelure;
» Sans toi, qu'ai-je besoin d'une vaine parure?
» Esclave, je serais ton fidèle écuyer;
» Ces mains, ces faibles mains guideraient ton coursier.
» Je te suivrais par-tout... Dans l'horreur du carnage,
» L'amour m'inspirerait la force et le courage.
» Pour défendre tes jours j'exposerais les miens;
» Heureuse de sauver le premier de mes biens,
» Avant qu'un fer cruel te privât de la vie,
» Il faudrait, cher Renaud, qu'elle me fût ravie.
» Peut-être un ennemi touché de ma douleur,
» Ne pourrait se résoudre à te percer le cœur;
» Peut-être la beauté dont tu braves les charmes,
» De son bras inhumain ferait tomber les armes....
» Malheureux ! est-ce à moi de vanter des attraits
» Qui n'ont point prévenu le plus grand des forfaits »?

ELLE dit; et ses pleurs l'embellissent encore.
Ses mains pressent les mains du héros qu'elle adore;

CHANT XVI.

Elle tombe à ses pieds.... il recule, et l'amour
Loin de son cœur glacé s'éloigne sans retour.
Le remords cependant l'agite et le tourmente;
La pitié l'intéresse au sort de son amante.
Mais déguisant son trouble et retenant ses pleurs :
« Armide, lui dit-il, appaise tes douleurs,
» Va, loin de la blâmer ta plainte me déchire.
» Dans le fond de mon cœur si tes yeux pouvaient lire,
» Tu verrais qu'entraîné par le destin jaloux,
» Je brise en gémissant des liens aussi doux.
» Moi te haïr! grands dieux! Ah! garde-toi de croire
» Que j'outrage à ce point ton amour et ma gloire.
» Que ne m'est-il permis de vaincre en ce moment
» Ta passion fatale et ton aveuglement !
» Mais quoi! faut-il blâmer les erreurs de ton âge,
» Et doit-on reprocher les fautes qu'on partage?
» Tu m'aimas; est-ce à moi de condamner tes feux?
» Un dieu même se plut à nous tromper tous deux.
» Tu ne m'offensas point.... Je ne suis point ton maître,
» Où l'injure n'est pas, le pardon ne peut être.
» Si par un fol amour ton cœur tyrannisé
» Sur ses vrais intérêts s'est long-temps abusé,
» Ta croyance en est cause, et ton sexe t'excuse....
» Eh! quel est le mortel qui jamais ne s'abuse?

» ABJURONS notre honte; et puissent ces déserts
» En dérober l'histoire aux yeux de l'univers!

» Dans le camp de Bouillon la fortune m'appelle;
» Mais je serai toujours ton chevalier fidèle :
» J'en atteste l'honneur qui me dicte sa loi,
» Cet inflexible honneur qui m'éloigne de toi.
» Adieu. Dans ton palais, au sein de la sagesse,
» Va retrouver la paix et bannir ta tristesse.
» Oublions, belle Armide, une commune erreur;
» Le plaisir qui s'enfuit laisse un trait dans le cœur ».

Armide cependant, dans un morne silence
Observe avec horreur sa froide contenance.
Et de ses yeux brûlans s'échappent tour-à-tour,
Et les pleurs de la rage, et les pleurs de l'amour.
« Non, tu n'es point le fils de la belle Sophie;
» Jamais du grand Berthold tu ne reçus la vie :
» Mais tu suças le lait des tigres furieux
» Que l'Immaüs recèle en ses antres affreux :
» Le Caucase glacé vit croître ton enfance,
» Et la mer en courroux te donna la naissance.
» Pourquoi dissimuler? Son détestable cœur
» A-t-il d'un mouvement su flatter ma douleur?
» A-t-il daigné d'un mot adoucir mes alarmes?
» A-t-il pâli, du moins, ou versé quelques larmes
» Il paraît occupé de mille soins divers....
» Il est vrai qu'un héros se doit à l'univers.
» Où m'arrêter, hélas! qu'oublier? que redire?
» Il m'offre son secours, et rit de mon martyre!

CHANT XVI.

» Austère philosophe il donne des leçons,
» Et se croit au-dessus du joug des passions :
» O dieux ! vous foudroyez le sommet de nos temples ;
» Cependant un ***** donne de tels exemples !
» Cependant le tonnerre, oisif entre vos mains,
» N'écrase pas encor le dernier des humains.

» Va, cours chercher la mort que le destin t'apprête ;
» Je te rends cette paix que ton cœur me souhaite.
» Fuis, et délivre-moi d'un aspect odieux....
» Tu m'opposes l'honneur, tes sermens et tes dieux ;
» Qu'ont de commun ces dieux qui lancent le tonnerre
» Avec ces vils mortels qui rampent sur la terre ?
» Tranquilles dans l'Olympe, éloignés des hasards,
» Daignent-ils jusqu'à nous abaisser leurs regards !
» Non, non, de t** refus je pénètre la cause ;
» Sans doute une rivale à ma flamme s'oppose ;
» Tu veux m'abandonner pour voler dans ses bras,
» Et ton devoir, dis-tu, te rappelle aux combats.

» A ces lâches détours je dois te reconnaître ;
» Tremble, mon art me reste, et va punir un traître.
» Fuis, cruel.... Cependant ne crois pas m'échapper.
» De mille écueils nouveaux je vais t'envelopper.
» A toute heure, en tous lieux, pâle, défigurée,
» Mon ombre te suivra, de serpens entourée.

» Noirs enfans de la Nuit je vous invoque tous ;
» Répondez à mes vœux, et servez mon courroux:
» Filles des sombres bords, déités infernales,
» Agitez sur l'ingrat vos torches sépulcrales ;
» Apprenez aux humains, témoins de son trépas,
» Comment dans le Tartare on punit les ingrats:
» Ecrasé sous le poids de sa douleur profonde,
» Que son juste supplice épouvante le monde:
» Qu'errant et fugitif sans trouver le repos,
» Il vogue sur les mers triste jouet des flots ;
» Et s'il arrive enfin dans les champs de la guerre,
» Que percé de cent traits, qu'expirant sur la terre
» Dont son bras se flattait de devenir vainqueur,
» A son dernier soupir il pleure son erreur.
» Alors, mais sans espoir, invoquant ma puissance,
» Je goûterai les fruits d'une douce vengeance;
» Alors, environné des ombres de la mort,
» Abreuvé d'amertume et trahi par le sort,
» Il paîra son outrage.... Armide, ivre de joie,
» Comptera tous les maux dont il sera la proie.
» Il voudra m'implorer... ». Elle dit : la douleur,
De ses derniers accens étouffe la fureur.
Elle tombe sans voix, et sa langue glacée
S'égare dans sa bouche, et roule embarrassée.

 Ton œil se ferme, Armide, à la clarté du jour !
L'impitoyable ciel qui trompe ton amour

CHANT XVI.

Te ravit la douceur de voir couler les larmes
D'un héros, d'un ingrat sensible à tes alarmes;
Si tu pouvais l'entendre, ah! comme ses soupirs
Calmeraient aisément tes mortels déplaisirs!
Va, les derniers regards qu'en partant il t'adresse,
Sont des regards mêlés de honte et de tendresse.

Verra-t-il sur le sable, abattue à ses pieds,
Celle qui vit aux siens cent rois humiliés?
Sera-t-il sourd aux cris de la reconnoissance?
Doit-il craindre le ciel, vengeur de l'inconstance?
Il combat vainement sa sensibilité,
Et cède en murmurant à la nécessité.
C'en est fait, son devoir lui rend tout son courage
Et bientôt un esquif l'éloigne du rivage.

Armide se relève; et son œil égaré
Cherche et ne retrouve plus un objet adoré.
L'infortunée, hélas! seule avec sa vengeance,
Ne voit qu'un long désert, n'entend que le silence.
« Il est parti, dit-elle.... O réveil odieux!....
» Quoi! je n'ai point reçu ses funestes adieux!
» Le traître m'abandonne!.... il me laisse expirante,
» Sans daigner d'un seul mot consoler son amante!
» Inflexible Renaud! Quoi, barbare! tu fuis
» Sans donner une larme à l'état où je suis?

» Et je l'adore encore ! et ma douleur amère
» Se nourrit loin de lui d'une vaine chimère !....
» De ma chaine fatale il faut me dégager,
» L'accabler de mes traits.... Oui, je dois me venger...
» Me venger.... je renais à cette douce idée.

» Oui, je vais surpasser les noirceurs de Médée;
» Inventer des forfaits, apprendre à l'univers
» Si c'est impunément qu'on échappe à mes fers.
» Ah ! je le poursuivrai.... Ni le ciel, ni la terre,
» Aux secrets de mon art ne pourront le soustraire;
» Je saurai le haïr.... Inutiles combats !
» Voudrais-je le haïr, si je ne l'aimais pas ?

» Cher Renaud, oui, je t'aime ! et mon ame ravie
» S'enorgueillit du nœud qui la tient asservie....
» Rage, vœux impuissans d'un amour rejeté,
» Je porte tout l'enfer dans mon cœur agité;
» Hâtons-nous... Un instant peut m'arracher ma proie ;
» Tisiphone elle-même à ma cause s'emploie:
» Eteignons ma fureur dans son coupable sang....
» Déjà je le saisis, je lui perce le flanc....
» Aux monstres des forêts abandonnons le traître;
» De ses membres hideux puissent-ils se repaître !
» Par son juste trépas sachons épouvanter
» Quiconque désormais oseroit l'imiter.
» Parjure ! tu m'appris à devenir barbare....

CHANT XVI.

» Armide, sors enfin du trouble qui t'égare ;
» Il falloit le punir, quand, loin de tous les yeux,
» Enseveli vivant dans ces sauvages lieux,
» Il offrait à tes coups une victime aisée....
» Par un courroux tardif en ce jour abusée,
» Si l'implacable sort te soumet à sa loi,
» Si tu gémis en vain, n'en accuse que toi.
» Tu perds tout, il est vrai.... mais ta beauté te reste.

» Oui, tu peux me servir, ô beauté trop funeste !
» C'est toi qu'on offensa ; c'est à toi de laver
» L'irréparable affront qu'on te fit éprouver.
» Autrefois à mes pieds tu retins cent esclaves ;
» Ton magique pouvoir resserrait leurs entraves....
» Fais plus.... seconde-moi dans mon ressentiment ;
» Arme tout l'univers contre un perfide amant.
» Rivaux infortunés, embrassez ma querelle ;
» Si le péril est grand, la récompense est belle.
» Ma main sera le prix du courageux guerrier
» Qui, plongeant dans son cœur un homicide acier,
» De ce cœur tout fumant viendra m'offrir l'hommage :
» Armide et ses trésors deviendront son partage.
» Si mes faibles appas ne peuvent mériter
» Qu'en exposant sa vie il veuille m'acheter,
» O fatale beauté que ma fureur implore,
» Je déteste tes dons ; moi-même je m'abhorre ;

» Mon empire est détruit.... Je ne me connais plus....
Lasse enfin d'exhaler ses regrets superflus,
S'éloignant tout-à-coup de ce lieu solitaire,
Et le front allumé des feux de la colère,
Au fond de son palais elle court s'enfermer.
Au bruit de ses clameurs l'enfer va s'animer;
Le soleil à sa voix enfante les orages,
Et son flambeau s'éteint au milieu des nuages.
Sous ses pieds chancelans l'abîme s'est ouvert....
Les spectres, les démons, les larves, de concert,
Accourent aux accens de leur puissante reine,
Et viennent partager les transports de sa haine.

Dans le sein ténébreux d'une profonde nuit
Le magique palais croule et s'évanouit;
Ses informes débris frappés par le tonnerre,
Roulent en mugissant, et font trembler la terre.
La foudre brille, éclate, et les noirs aquilons
Arrachent les forêts qui couronnent les monts.
Là, parmi des rochers et des cyprès funèbres,
L'amphisbène en sifflant rampe dans les ténèbres.
Ce séjour si riant, cet asyle enchanté,
N'offrent plus qu'un désert à l'œil épouvanté.
Dans des flots sulfureux tout nage, tout s'embrase....
Tel le père du jour sur un char de topaze,
Dissipant les brouillards qui dérobaient les cieux,
Dans l'éther épuré verse un torrent de feux;

CHANT XVI.

Tel le palais s'enfuit.... La nature sauvage
Hérisse de glaçons cet aride rivage.

De l'horizon enfin éteignant les éclairs,
Armide sur son char s'élève dans les airs.
Son vol précipité fend les célestes plaines;
Elle vogue au-dessus des régions lointaines
Où les faibles mortels ne sont point parvenus,
Et qu'éclairent encor des astres inconnus.
Dans les nombreux élans de sa course rapide
Elle a déjà franchi les colonnes d'Alcide,
Passé les bords brûlans arrosés par l'Indus,
Et le vaste climat qui voit couler l'Oxus.
Cependant, arrivée aux plaines de Syrie,
Elle fixe un moment sa marche ralentie.

Au milieu de la mer s'élevait un palais
Dont les flots au vulgaire interdisaient l'accès :
C'est là qu'elle descend.... Son ame irrésolue,
Entre mille desseins balance suspendue.
« Oui, le ciel me l'inspire.... oui, je vais me venger.
» Je vais porter mes pas sous ce ciel étranger
» Que le Nil enrichit du tribut de ses ondes.
» De ses peuples divers les troupes vagabondes
» S'uniront à ma voix contre ces vils Chrétiens....
» On outrage mes dieux; ils seront mes soutiens.

» Il est temps d'étouffer une indigne tendresse;
» D'une femme timide abjurons la faiblesse;
» Que le fer dans mes mains signale mon courroux,
» Et que l'ingrat Renaud expire sous mes coups.

» Va, ne m'accuse point, prince lâche et barbare:
» Hidraot, je te dois la fureur qui m'égare.
» Si j'enfreins aujourd'hui les lois de la pudeur,
» C'est toi qui l'as voulu; toi, qui formas mon cœur,
» Qui fis naître en mon sein une ardeur meurtrière,
» Et façonnas mon sexe aux dangers de la guerre.
» A ta voix j'ai quitté le sentier des vertus,
» Vainement je le cherche, et ne le trouve plus.
» Tous les crimes qu'amour va me faire commettre,
» Tes funestes conseils me les firent connaître.
» N'impute donc qu'à toi l'excès de mon malheur;
» Mais frémis à ton tour: il est un ciel vengeur,
» Qui fera retomber sur ta tête coupable
» Tous les maux qui sont nés de sa haine implacable ».

Elle dit. Aussi-tôt, rassemblant ses guerriers,
Ses femmes, ses soldats et ses preux chevaliers,
Tous unis, tous armés pour servir sa querelle,
Et brûlant du desir de lui prouver leur zèle,
Elle part avec eux; et soit que le soleil
Epanche les rayons de son disque vermeil,

CHANT XVI.

Soit qu'il se précipite au vaste sein des ondes,
Ou qu'il aille en vainqueur éclairer d'autres mondes,
Elle marche sans cesse, et n'arrête ses pas
Qu'aux bords que le Calife a couverts de soldats.

FIN DU CHANT SEIZIÈME.

LA
JÉRUSALEM DÉLIVRÉE.

CHANT DIX-SEPTIÈME.

SOMMAIRE
DU CHANT DIX-SEPTIEME.

Le Calife fait le dénombrement de ses troupes sous les murs de Gaza. Armide se joint à ses guerriers, et les intéresse au succès de sa cause. Renaud arrive pendant la nuit dans une forêt, où le même vieillard, dont le pouvoir a guidé jusqu'au palais d'Armide, Ubalde et le Danois, lui présente un bouclier sur lequel sont gravés les exploits de ses ancêtres. Il donne de sages conseils au héros, qui rentre dans le camp.

CHANT DIX-SEPTIÈME.

Au rivage des mers, près de la Palestine,
Gaza, du sein des flots s'élève et les domine;
Autour d'elle s'alonge un désert sablonneux
Qu'un torrent de lumière embrase de ses feux.
Là, des vents du midi la dévorante haleine
Divise en tourbillons cette mobile arène;
Là, sous un ciel d'airain le triste voyageur
Ne peut se dérober aux traits de la chaleur.

Jadis elle appartint aux enfans du Prophète.
Le monarque d'Egypte en a fait la conquête.
Il a quitté Memphis, son superbe palais,
Pour y placer son trône, et fixer ses projets.
Dociles à sa voix, les guerriers qu'il appelle,
Du fond de son empire épousent sa querelle.

O Muse! redis-moi quels furent ses états;
Redis-moi de quels bords, de quels lointains climats,
Les peuples asservis à son pouvoir suprême,
Vinrent pour raffermir son tremblant diadême:
Seule, tu peux compter leurs nombreux bataillons.
D'une clarté nouvelle ouvre-moi les sillons;

Que je perce des temps le ténébreux nuage,
Et que la vérité me prête son langage.
Quand l'Egypte rebelle aux lois de l'Eternel
Brisa de ses tyrans le sceptre criminel,
Un fils de Mahomet, d'une main triomphante
Fit gémir sous le joug sa tête obéissante.
Ses heureux successeurs héritant de son nom,
Prolongèrent le cours de cette oppression.
Leur empire envahit et l'Asie et l'Afrique,
Et bientôt étendu jusqu'à la Marmarique,
Il embrassa Cyrène, Alger, Maroc, Ormus,
Et le riche pays qui vit régner Crésus;
Puis d'un rapide vol traversant le Bosphore,
Il dispensa des lois aux peuples de l'Aurore,
Renferma l'Arabie, et ces bords renommés
Où Moïse sauva les Hébreux opprimés.
Le Nil même craignant d'être son tributaire,
Se cacha dans sa source inconnue au vulgaire.

Un Calife y commande; il sait associer
Les vertus du monarque aux talens du guerrier.
Long-temps il combattit le Croissant redoutable.
Quelquefois, enchaînant la fortune intraitable,
Aux sectateurs d'Ali sa main donna des fers;
Quelquefois malheureux, il connut les revers;
Mais enfin attiédi par les glaces de l'âge,
Son cœur ne brûle plus de ce mâle courage.

CHANT XVII.

Il regrette les temps où son bras glorieux
Soutenait dignement le nom de ses aïeux ;
Jaloux de conserver son sceptre despotique,
Il supporte le poids du fardeau monarchique.
L'Indien le révère, et ses nombreux voisins
Accourent à sa voix pour servir ses desseins.

Loin des murs de Gaza, dans une plaine immense,
Il compte les sujets soumis à sa puissance.
Armide est la dernière. Elle arrive au moment
Qu'il fait de son armée un sûr dénombrement.

Par cent degrés d'ivoire on parvient à son trône.
Tranquillement assis, et ceint d'une couronne,
Le monarque ombragé par un dais radieux
Foule un tapis superbe étincélant de feux.
Sur ses pompeux habits tissus avec adresse,
L'Orient épuisa le goût et la richesse.
Le sceptre est dans sa main. Sur son front redouté
Respirent la grandeur et la sévérité.
Ses yeux lancent encor les éclairs de l'audace,
Et son dos est chargé d'une lourde cuirasse.
Apèle dût jadis sous de semblables traits,
Animer Jupiter dans ses fameux portraits.
Tel Phidias sculpta ce maître du tonnerre,
Ebranlant d'un regard et l'Olympe et la Terre.

Deux Satrapes debout paraissent près de lui ;
L'un est de ses décrets le généreux appui.
Le glaive de la loi remis à sa prudence
Immole le coupable et punit la licence ;
L'autre, en maître absolu commande à ses soldats,
Maintient la discipline, et dirige leurs pas.
Des Arabes choisis, rangés autour du trône,
En veillant sur ses jours protègent sa couronne.
Les peuples de Memphis paraissent les premiers.
Ils s'avancent en ordre, et sous quatre guerriers;
Deux de la haute Egypte, et deux de la contrée
Par le limon du Nil enrichie et créée.
Leur premier escadron sort des murs orgueilleux
Qui du vainqueur d'Issus portent le nom fameux ;
Ils quittent à regret ce climat salutaire,
Que le père du jour en se couchant éclaire.
Araspe est à leur tête; Araspe dont le bras
S'illustre rarement au milieu des combats ;
Mais il sait avec art ourdir un stratagême.
Variant à son gré sa politique extrême,
Profond, dissimulé, ses moyens captieux
Surpassent les détours du Maure ingénieux.
Ses guerriers sont armés d'un tranchant cimeterre,
Et sous leurs pas pesans ils font gémir la terre.

Après eux de l'aurore on voit les habitans.
Ils se sont rassemblés dans ces climats brûlans.

CHANT XVII.

Arontès est leur chef. Si l'aveugle naissance,
De l'intrépidité formait seule l'essence,
Il pourrait aspirer aux palmes du dieu Mars;
Mais au sein des plaisirs qu'alarment les hasards,
Dans le fond d'un sérail traînant sa vie obscure,
Jamais il n'a sué sous la pesante armure.

Plus loin, des combattans paraissent en essaims.
On croit appercevoir les trois parts des humains;
Cependant dans son sein une ville opulente
A vu se réunir leur troupe languissante.
C'est le Caire. Campson qui guide ces guerriers,
De la gloire jamais ne cueillit les lauriers.
Ils portent un arc d'or. Leurs armes radieuses
Etincellent du feu des pierres précieuses,
Et leur aspect inspire à l'avide Latin
Moins l'effroi de la mort que l'ardeur du butin.

Un ramas de brigands presque nuds et sans armes,
Accoutumés au sang, à l'horreur des alarmes,
Venaient sous Alarcon signaler leur fureur,
Et le crime et la mort habitaient dans leur cœur.

L'Arabe vient après. Il quitte sa contrée
Où règnent l'abondance et les beaux jours d'Astrée.
Là, sous un ciel serein, l'arbitre des saisons
Y tempère ses feux, y dore les moissons.

Là, le tendre Zéphyr caressant la Nature,
Des doux présens de Flore entretient la peinture.
Philomèle plaintive y rappelant ses maux,
Dans des bosquets de rose attendrit les échos.
Là croissent des parfums; la sève des bocages
S'y conserve et jaillit en touffes de feuillages:
Un éternel printemps y rafraîchit les airs.
Heureux le voyageur qui sur des tapis verds
S'égarant quelquefois dans ce frais élysée,
Voit briller du matin la mobile rosée!
Il croit renaître au jour; et, dans des flots d'air pur,
De la voûte éthérée il admire l'azur.

Sur leurs pas s'avançaient des peuples indociles,
Habitans des déserts, sans foyers, sans asyles.
Ils montent hardiment des coursiers indomptés,
Et traînent après eux leurs errantes cités.
Sur leur front que brunit la chaleur africaine,
Flottent de longs cheveux aussi noirs que l'ébène.
Le premier escadron est guidé par Albin;
Le second par Brumar, moins guerrier qu'assassin.

La troupe qui les suit a quitté ce rivage,
Où jadis le pêcheur puisait le coquillage
Qui renferme la perle attachée à son sein.
Elle subit les lois du farouche Albasin.

CHANT XVII.

Des bords de la mer Rouge un guerrier sanguinaire,
Osmar jusqu'en ces lieux a porté sa bannière;
Osmar qui, contempteur et des dieux et des lois,
Embrasse avec dédain la querelle des rois.

Des champs de Trébisonde et des rives du Gange,
Assimir et Canar amènent leur phalange.
L'un règne sur Ormus, l'autre sur le Bécan.
Quand les vents du midi tourmentent l'Océan
Le Bécan est une isle; et quand l'onde agitée
A vomi sur ses bords son écume argentée,
On y voit d'un pied sec passer le voyageur.

Et toi, fier Altamore, aux accens de l'honneur
Tu cédas au desir de ton ame enflammée.
En vain à tes genoux une épouse alarmée
Meurtrit son sein d'albâtre, arracha ses cheveux;
Des larmes de dépit coulèrent de ses yeux,
Et t'adressant ces mots d'une voix suppliante....

« Cruel! il est donc vrai, tu quittes ton amante!
» Tu vas l'abandonner aux plus affreux tourmens!
» Ne te souvient-il plus de tes premiers sermens?
» Rappelle-toi ce jour et cette auguste fête
» Où du bandeau des rois tu parais ta conquête.
» Aux autels de l'Hymen tous les deux prosternés,
» Zélime, me dis-tu, nous sommes enchaînés;

» J'en atteste le ciel; j'en jure par tes charmes,
» Je renonce à jamais au tumulte des armes:
» Sans cesse dans tes bras, tout entier à l'amour,
» Le bonheur près de toi me fixe sans retour.
» Je te crus: aisément on croit ce qu'on adore;
» Et cependant tu fuis, infidèle Altamore !
» Ah! pour toi, cher époux, je crains tout l'univers.
» Mon cœur, mon tendre cœur te suivra sur les mers.
» Par pitié pour ton fils, au nom de ma tendresse,
» Diffère d'un seul jour ta fatale promesse ».
Vains efforts. Le guerrier se refuse à ses vœux,
Et fidèle au devoir, il immole ses feux.

Le vaillant Altamore, assez grand par lui-même,
Doit tout à ses vertus, et rien au diadême.
Instruit dès son enfance au métier des combats,
Les Chrétiens connaîtront la force de son bras.
Ses guerriers, revêtus d'une lourde cuirasse,
Unissent comme lui la vigueur à l'audace;
D'un acier éclatant leurs casques sont couverts,
Et de leurs armes d'or jaillissent des éclairs.
Du bout de l'univers vient le farouche Adraste;
D'une armure éclatante il dédaigne le faste,
Et la peau d'un dragon sous ses traits expirant,
Recouvre sa cuirasse et son corps de géant.
Ses soldats ont quitté les campagnes fécondes
Que le Sind enrichit du tribut de ses ondes.

Une aigrette superbe, et des touffes de crin
S'élèvent en flottant sur leurs casques d'airain.

Plus loin on apperçoit une troupe choisie;
Elle tient dans ses mains les rênes de l'Asie.
Le Calife en tout temps la combla de bienfaits,
Et tranquille par elle il lui doit ses succès.
Là, sont le grand Omar, le féroce Brimane,
Le brave Marlaboust, Ormond, Pigra, Tigrane,
Le bouillant Tissapherne, héros dont la valeur
N'a point aux champs de Mars reconnu de vainqueur.

Emiren est leur chef. D'une basse origine
Emiren du Très-Haut connut la loi divine;
Mais depuis, renonçant à son culte sacré,
Il est sous Mahomet chrétien dégénéré,
Et sait concilier l'audace et la prudence.

Sur un char radieux Armide alors s'avance;
Il étincelle d'or, d'opale et de rubis,
Tel celui qui parcourt les célestes parvis.
Sur d'agiles coursiers cent pages l'environnent;
Un arc est dans leurs mains, et leurs carquois résonnent.
Le courroux altérant la douceur de ses traits,
Par un nouvel éclat relève leurs attraits;
Son visage animé respire la menace,
Mais le dépit lui prête une nouvelle grace.

Tel l'immortel phénix, se riant du trépas,
Des feux de son bûcher sort avec plus d'appas ;
Etendu quelque temps sur des fleurs odorantes,
Il s'embrase et renaît de ses cendres fumantes.
L'Ethiopie entière admire sa beauté,
Son plumage mobile et son bec argenté.

Telle, et plus belle encor, la charmante princesse
Allume dans les cœurs une soudaine ivresse :
Il n'est point de guerrier si rebelle à l'amour,
Qui ne soit malgré lui subjugué sans retour.
Cependant elle est morne, et son regard sévère ;
Son œil est enflammé de haine et de colère....
Que serait-ce, grands dieux ! si la douce gaîté
De ce front obscurci tempérait la fierté,
Si le souris jouant sur ses lèvres de rose,
Colorait ce beau teint où le plaisir repose !

Le monarque se lève. Il appelle Emiren ;
C'est lui qu'il veut charger de punir le Chrétien.
L'infidèle s'avance, et, la tête inclinée,
Jure de signaler sa haute destinée.

« Pars, lui dit le Calife, et remplis mon espoir.
» Je remets à toi seul le suprême pouvoir.
» Des brigands conjurés va terrasser l'audace ;

CHANT XVII.

» Prends le sceptre, Emiren, et commande à ma place.
» Sauve mes alliés. Mon sort est en tes mains;
» Tu deviens après moi le plus grand des humains:
» Verse de toutes parts ma trop juste vengeance;
» En servant Mahomet, fais taire la clémence.
» Par un peuple infidèle il fut trop outragé;
»•On blasphème son nom.... il doit être vengé.
» Du pieux Aladin, termine les alarmes,
» Et que Sion respire à l'ombre de tes armes ».

Il se tait. Le héros, ivre de son bonheur,
Reçoit avec respect cette insigne faveur.
« Oui, je pars, répond-il; je vais sous tes auspices
» Justifier ce choix par de plus grands services.
» Je sauverai l'Asie; et, dussé-je périr,
» Je sais que pour ses lois il est beau de mourir.
» Trop heureux, en guidant ta fameuse bannière,
» De finir avec gloire une illustre carrière !
» Un doux pressentiment fait tressaillir mon cœur;
» Gardes-toi d'en douter, je reviendrai vainqueur.
» Mais le sort jaloux s'oppose à ma conquête,
» Puissent tous ses fléaux retomber sur ma tête !
» Que l'ange de la mort conduise nos drapeaux;
» Que d'un sang infidèle il répande les flots.
» Voilà quels sont mes vœux; et qu'en cessant de vivre
» Je bénisse à jamais le ciel qui nous délivre » !

Il dit.... L'air retentit de mille cris joyeux,
Et du bruit répété des clairons belliqueux.
On bénit le monarque et celui qu'il protège.
Cependant, au milieu d'un superbe cortège
Il descend de son trône et gagne le palais.

Armide essaie alors d'accomplir ses projets.
Quoique l'ingrat Renaud, méprisant la mollesse,
Ait rompu des liens si chers à sa tendresse,
Elle possède encor ce dangereux poison
Qui captive les sens et trouble la raison.
Déjà de ces guerriers pénétrant la pensée,
Elle voit de ses traits leur grande ame blessée;
Et pour les engager dans des piéges nouveaux,
Elle joint le Calife et lui parle en ces mots :

« Roi des rois, penses-tu que mon ame attendrie
» Ne se réveille pas au cri de la patrie?
» Non; je viens à mon tour moissonner des lauriers
» Et joindre mes soldats à tes preux chevaliers.
» Il est temps que des dieux la justice éternelle
» Se déclare en faveur d'une cause si belle.
» Je suis reine; à ce titre il me sera permis
» De combattre avec toi nos lâches ennemis;
» J'aime à lancer des dards, et ma main toujours sûre,
» Quand il le faut encor sait faire une blessure.

CHANT XVII.

» Ne crois pas que ce jour enfante mon ardeur;
» Déjà dans les périls déployant ma valeur
» J'ai soutenu tes lois, affermi ton empire,
» Embrasé les Chrétiens du plus ardent délire,
» Conduit à mes genoux les vengeurs de la croix,
» Et rempli l'univers du bruit de mes exploits.

» Captifs, humiliés sous le poids des entraves,
» Ils allaient à Damas comme un troupeau d'esclaves.
» Peut-être, en ce moment, dans le fond des cachots,
» Par un juste supplice ils expiraient nos maux,
» Si le fils de Berthold n'eût d'un bras redoutable
» Soustrait à mon courroux cette horde coupable :
» Grand roi, tu le connais, ce barbare Chrétien;
» Il est de son parti le plus ferme soutien;
» Et c'est par lui sur-tout que je fus offensée....
» Mais le traître m'insulte.... Ah! mortelle pensée!
» Aujourd'hui renfermé dans ce camp que je hais,
» Il brave ma colère, et comble ses forfaits.

» Dans mon cœur ulcéré tout plein de sa vengeance,
» Brille confusément un rayon d'espérance.
» Que dis-je! j'entrevois l'aurore du bonheur;
» Un invisible bras servira ma fureur.
» Ce succès éclatant, il faut que je l'obtienne;
» Mahomet me le doit, mon injure est la sienne.

« Mais s'il trahit mes vœux, si, bravant mes douleurs
» Il trompe ma furie et sourit à mes pleurs,
» Il me reste un moyen que j'embrasse avec joie.
» Que l'un de tes guerriers à ma cause s'emploie ;
» Que foulant sous ses pieds ce héros indompté,
» Il plonge dans son sein un fer ensanglanté ;
» Qu'il me porte son cœur, et que sa main fumante
» Dépose à mes genoux sa tête dégouttante ;
» Qu'avec ravissement, de ses flancs déchirés
» Je contemple à loisir les lambeaux abhorrés.
» Alors parant son front d'un riche diadême,
» Je lui donne Damas, mes trésors et moi-même.
» J'en atteste le ciel, protecteur des sermens,
» Armide remplira ses saints engagemens.
» D'un parjure odieux, si je souille la terre,
» Puisse-t-il sur mon front épuiser son tonnerre !
» Je jure d'allumer les flambeaux de l'hymen,
» Et de m'unir à lui par un sacré lien ».

ADRASTE à ce discours la fixe et la dévore.
Né sur un sol brûlant, aux portes de l'Aurore,
Adraste, de fureur le regard allumé,
Exhale le courroux dont il est enflammé.
« Princesse, lui dit-il, séchez enfin vos larmes,
» Les dieux et le bonheur vont protéger vos armes :
» C'est moi qui vous promets d'accomplir vos desseins.
» J'arracherai le jour au plus vil des humains ;

CHANT XVII.

» Son corps défiguré, roulant dans la poussière,
» Nourrira des vautours la rage meurtrière.
» Armide, un assassin indigne de vos traits,
» Doit par un autre fer expier ses forfaits ».

Il dit; et cependant le cruel Tissapherne,
Qui sans doute naquit sur les bords de l'Averne,
Et dont l'orgueil au moins égale la fierté,
Interrompt ce discours avec férocité....
« Eh! quel est ton espoir, Indien téméraire?
» D'où te vient aujourd'hui cette assurance altière?
» Le maître que tu sers t'en fait-il une loi?
» Un seul guerrier doit vaincre; et ce guerrier, c'est moi.

» —Insolent! est-ce à moi que ce discours s'adresse?
» Si je voulais.... Mais non... rends grace à la princesse.
» Rien ne pourrait ailleurs te sauver du trépas,
» Et tu reconnaîtrais ce que pèse mon bras ».
Ils allaient s'emporter.... quand le roi les arrête.
« Jeune beauté, dit-il, ton triomphe s'apprête;
» Enchaîne le courroux de ces deux fiers rivaux,
» Un tel emportement dégrade les héros.
» Qu'ils montrent leur audace aux champs de la victoire,
» Qu'ils s'y couvrent tous deux d'une immortelle gloire;
» C'est l'unique théâtre où leur rare valeur
» Puisse se déployer sans enfreindre l'honneur ».

Il se tait. Les guerriers cèdent sans résistance ;
Le respect les captive, et les force au silence.

Cent autres après eux jurent de la venger ;
Tous vantent leur courage, et bravent le danger.
Cependant ce Renaud que veut punir Armide
Vogue paisiblement sur la plaine liquide ;
Aussi prompt que l'éclair, son rapide vaisseau
Semble à peine rider la surface de l'eau ;
Neptune a loin de lui dispersé les orages,
Et le zéphyr se joue à travers les cordages.

Il regarde le pôle, et ces astres brillans
Qui guident dans la nuit les pilotes tremblans.
Tantôt il aime à voir une haute montagne
Dont la base s'étend sur l'humide campagne ;
Tantôt en parcourant ce nouvel univers,
Il s'informe des mœurs de cent peuples divers.
Déjà par quatre fois le dieu qui nous éclaire
Avait au haut des cieux mesuré sa carrière :
Pour la quatrième fois il s'éteint dans les flots,
Et la nef sur le bord dépose les héros.

Assise sur un char que le Silence mène,
La nuit s'enveloppait dans ses crêpes d'ébène :
Au milieu des déserts sur des sables mouvans,

CHANT XVII.

Les guerriers au hasard traînent leurs pas errans;
Ils s'avancent toujours, et par des routes sombres.
Soudain une lueur qui lutte avec les ombres,
Les frappe, et les dirige à l'éclat de ses feux;
Ils arrivent aux pieds d'un chêne sourcilleux,
Dont les rameaux touffus s'élancent dans les nues....
Des arbres à son tronc paraissent suspendues;
L'or et les diamans relèvent leur beauté,
Le voile de la nuit se teint de leur clarté.

Auprès est un mortel dans le déclin de l'âge;
On eût dit qu'il veillait sur ce superbe ouvrage.
Ubalde l'envisage et reconnaît ses traits;
C'est l'auguste vieillard qui servit leurs projets.
Il se lève. « Renaud, c'est en toi que j'espère,
» Dit-il, je t'attendais dans ce lieu solitaire.
» C'est à moi que tu dois la fin de ton erreur;
» De tes deux compagnons j'ai réchauffé l'ardeur.
» Dociles à ma voix, ils ont brisé ta chaîne.
» Ecoute mes avis, écoute-les sans peine,
» Sans doute ils sont moins doux que ceux de la beauté
» Qui dans ses bras impurs t'a long-temps arrêté;
» Mais je suis ton ami.... Que ton cœur s'abandonne
» Aux sévères conseils que ma bouche te donne.
» Sous un joug odieux si tu fus abattu,
» Répare enfin ton crime à force de vertu.

» Ce n'est point sur des bords qu'embellit la nature,
» Sous des berceaux de rose ou des arcs de verdure,
» Que le faible mortel peut trouver le bonheur;
» Il repose éloigné de ce monde trompeur.
» Sur un roc dont l'accès difficile et sauvage,
» Attriste le regard, fatigue et décourage,
» Là ne parvint jamais l'esclave des plaisirs;
» Il faut pour le gravir combattre ses desirs,
» S'armer à chaque pas d'une nouvelle audace,
» Braver du sombre hiver les frimas et la glace,
» Résister aux chaleurs, aux périls renaissans,
» Commander à soi-même, et maîtriser ses sens.

» Oiseau fait pour planer au séjour du tonnerre,
» Veux-tu vivre en insecte, et ramper sur la terre?
» Homme, connais ton être et regarde les cieux;
» La nature a dressé ton front majestueux :
» Elle allume en ton sein la flamme du courage;
» Pourrais-tu dégrader son plus sublime ouvrage!
» Par d'illustres exploits étonne l'avenir.
» Au faîte des grandeurs si tu veux parvenir,
» Rappelle-toi toujours ta haute destinée;
» Au joug des passions loin d'être condamnée,
» Elle peut, elle doit suivre la vérité,
» Et tout cède bientôt à sa témérité.

» Ami, sonde un moment les replis de ton ame.

CHANT XVII.

» Crois-tu que ce courroux qui l'exalte et l'enflamme
» Doive se déployer contre un audacieux,
» Qu'un sentiment jaloux rend assez malheureux ?
» Non.... il te fut donné pour servir ta patrie,
» Pour semer de lauriers les routes de ta vie.
» Tous tes secours sont dûs à ton frère opprimé ;
» C'est pour ce digne emploi que ton bras fut armé.
» La raison par ma voix te parle son langage,
» De ses sacrés conseils fais désormais usage.
» Retourne, il en est temps, auprès de Godefroi ;
» Mais cède à la sagesse, et respecte sa loi.

» — O généreux vieillard ! excuse ma faiblesse ;
» J'ai langui, je l'avoue, au sein de la mollesse ;
» Mais mon cœur de ses fers dégagé sans retour,
» Pour de plus nobles soins abandonne l'amour.
» Puissé-je retrancher du cours de mes années
» Ces funestes momens et ces tristes journées !
» Toi qui transmets du ciel les ordres absolus,
» Achève de fixer mes vœux irrésolus.

» — Ami, le repentir est la vertu du sage ;
» Elle sied à ton cœur et convient à ton age.
» Livre-toi sans rougir à de justes remords,
» Tu devras la victoire à ces nobles efforts.
» Lis dans ce bouclier le sort de tes ancêtres ;
» Vois-les d'un pas égal se soustraire à des maitres ;

» Immoler les tyrans, et fiers de leurs exploits,
» Dédaigner les trésors et le bandeau des rois.
» Allons, réveille-toi.... Que ces tableaux fidèles
» Te rendent ta valeur et des forces nouvelles ».

Il dit; et cependant l'intrépide guerrier
D'un regard curieux parcourt le bouclier.
L'artiste, des héros consacrant la mémoire,
Des fondateurs de Rome y retrace l'histoire.
Les enfans d'Accius, de palmes couronnés,
S'avancent sur des chars pompeusement ornés.
Malgré le sang obscur qui coule dans ses veines,
De l'empire ébranlé Caïus saisit les rênes;
Du peuple qui l'appelle il écoute la voix,
Et ceint du diadème il lui dicte des lois.
Bientôt Honorius désole l'Italie,
Et le Goth sur ses pas signale sa furie.
Mais quand Rome vaincue, et sous le poids des fers,
De sa chûte prochaine avertit l'univers,
Aurélius sans crainte entend gronder l'orage,
Et loin de ses sujets repousse l'esclavage,
Tandis que Théobald, digne d'un meilleur sort,
Oppose une barrière au conquérant du Nord.

A son port, à ses yeux étincelans dans l'ombre,
A ses cheveux flottans sur son front pâle et sombre,

Du monarque des Huns on reconnaît les traits;
Honteux de sa défaite, il cache ses regrets,
Il fuit, et Bérenger va défendre Aquilée.
Plus loin, à ce héros dressant un mausolée,
Accarin, héritier de ses mâles vertus,
Inspire son audace aux Romains abattus.
Aux coups des Visigoths, long-temps impénétrable,
Altin cède à son tour au nombre qui l'accable.
Il fuit, et l'Eridan dans son cours arrêté,
Voit déjà s'élever une immense cité :
De superbes remparts enveloppent son onde,
Et Ferrare s'assied sur les débris du monde.
Cependant Altin meurt. Odoard sans appui,
Veut venger son trépas, et succombe après lui.
A la fleur de ses ans, plein d'une noble audace,
Alméric lui succède, et commande à sa place.
Ernest dans Anio plante ses étendards,
Et l'affranchit du joug du tyran des Lombards.
Le pieux Aldoard ne suit point leurs exemples;
Eloigné des périls, tranquille au fond des temples,
Il fait fumer l'encens, et trempe de ses pleurs
Les marches de l'autel qu'il couronne de fleurs.

Vainqueur dans les tournois, vainqueur dans les batailles,
Albert d'une cité relève les murailles.
Il offre à Béatrix son empire et sa main;
Mais le ciel se refuse à féconder son sein.

Mathilde, des héros recueille l'héritage,
Aux graces de son sexe elle joint leur courage.
Guiscard et les Normands, poursuivis par son bras,
N'osent plus désormais ravager ses états,
Et, loin du Vatican repoussant le barbare,
Sa main, d'un saint pontife affermit la tiare.
Guelfe paraît enfin. Rejetton de cent rois,
De l'antique Bavière il rétablit les droits.
L'arbre de sa maison, séché dans sa racine,
Recouvre la splendeur de sa noble origine;
Il reverdit encor; son front majestueux
Etale avec orgueil ses rameaux fastueux:
Déjà même embrassant toute la Germanie,
Il porte dans les cieux sa tête enorgueillie.

« Tu vois, dit le vieillard, les antiques rameaux
» De ta maison jadis si féconde en héros.
» Mais, que dis-je? bravant le nombre des années,
» Elle n'a point encor rempli ses destinées.
» Ah! s'il m'était permis d'évoquer tes neveux;
» Si je pouvais, du sein de l'avenir douteux,
» Offrir à tes regards le tableau de leur vie,
» Quel spectacle pour toi! Que ton ame ravie
» Jouissant de l'éclat de ta postérité,
» Respirerait déjà son immortalité!
» Je n'ose cependant t'en donner l'assurance,
» Et mon œil égaré dans un abîme immense,

» Voit à peine briller des rayons incertains ;
» Mais un sage, pour qui le livre des destins
» S'ouvre resplendissant d'une pure lumière,
» Un sage qui commande à la nature entière
» Veut que ma faible voix t'éclairant aujourd'hui,
» T'apprenne des secrets que je connus par lui.

» Ecoute, cher Renaud, ce que le ciel t'annonce.
» Parmi tes descendans je distingue un Alphonse;
» Au sortir du berceau signalant sa valeur,
» Des monstres des forêts il sera la terreur.
» Dans mille jeux guerriers déployant son adresse,
» Bientôt des prix plus beaux flatteront sa jeunesse »
» Et quand aux champs de Mars il portera ses pas,
» Les plus affreux dangers ne l'étonneront pas.
» Intrépide, et toujours chéri de la Victoire,
» Je le vois se couvrir d'une nouvelle gloire.
» Entouré de rivaux jaloux de ses succès,
» Au sein de ses états il fixera la paix :
» Tous les arts à sa voix s'empresseront d'éclore
» Des régions du Nord, des portes de l'Aurore;
» Mille peuples divers s'éloignant tour-à-tour
» Viendront pour admirer la splendeur de sa cour».

» Ah ! dans ces temps d'erreur où le joug de l'impie
» Pesera sur l'Afrique et sur toute l'Asie,

» Si les Chrétiens unis par des nœuds solemnels
» Choisissaient ce héros pour venger leurs autels,
» Que bientôt le tyran et sa secte inhumaine
» De leur sang criminel auraient rougi l'arène !
» Que bientôt l'étendard de ses braves soldats
» Flotterait sur les murs délivrés par son bras !
» En vain du Musulman les nombreuses cohortes,
» De la sainte Cité lui défendraient les portes ;
» En vain tous les Persans s'armeraient à la fois,
» L'Euphrate et le Jourdain couleraient sous ses lois ;
» Il verrait le Taurus, et la riche Arménie,
» Et le Nil, et l'Atlas, et la triple Arabie,
» Frémir à son aspect, et reconnaître enfin
» Le Dieu dont le pouvoir fut remis dans sa main ».

Cependant le guerrier se couvre de ses armes ;
Un généreux dépit lui fait verser des larmes.
Un feu plus pénétrant fait palpiter son cœur ;
Il brûle de rentrer dans les champs de l'honneur,
Quand le Danois s'avance, et lui remet l'épée
Que dans un sang impur Suénon a trempée.
« Prends-la, jeune héros ; qu'elle venge en tes mains
» Les mânes précieux du plus grand des humains ;
» A de justes combats qu'elle soit consacrée ;
» Arrache à Soliman une vie abhorrée.
» Je ne respire, hélas ! que par ce seul espoir ;
» Vole acquitter mes vœux, et remplir ton devoir.

CHANT XVII.

» — Ah ! je sens tout le prix de cette grace insigne;
» Oui, j'accepte ce fer.... et je m'en rendrai digne.

Le sage cependant prépare leur départ;
Les guerriers près de lui se placent sur son char.
Protégés par la nuit et couverts de son ombre,
Ils percent les détours de cette forêt sombre.
Bientôt le jour paraît; Solime et ses remparts,
Les montagnes, le camp s'offrent à leurs regards.
« Amis, dit l'enchanteur, il faut que je vous laisse;
» Je vous devais mes soins.... j'ai tenu ma promesse.
» Sans guide désormais retournez aux combats,
» Un pouvoir invincible arrête ici mes pas ».

FIN DU CHANT DIX-SEPTIÈME.

LA
JÉRUSALEM DÉLIVRÉE.

CHANT DIX-HUITIEME.

SOMMAIRE
DU CHANT DIX-HUITIEME.

Renaud rentre dans le camp, et témoigne à Bouillon son amer repentir. Seul, et couvert de ses armes, il va dans la forêt enchantée. En vain le fantôme d'Armide se présente à ses yeux; en vain l'enfer lui oppose mille obstacles, il en triomphe, et tranche le cyprès funeste auquel le charme était attaché. On reconstruit alors de nouvelles machines, et Bouillon ordonne l'assaut. Renaud le premier escalade les remparts. Les Infidèles fuient, et les Chrétiens pénètrent dans Solime.

CHANT DIX-HUITIÈME.

Renaud arrive aux lieux où l'attend Godefroi :
Il s'avance vers lui, saisi d'un juste effroi....
« Bouillon, l'honneur jaloux souleva ma vengeance,
» Quand du lâche Gernand je punis l'arrogance :
» Le repentir enfin me ramène vers toi ;
» Et mon cœur digne encor d'obéir à ta loi,
» Mon cœur plein de remords, et détestant son crime,
» Saura pour l'expier trouver tout légitime.

» —Pardons, jeune héros, un triste souvenir.
» Ton malheur et ta faute ont trop dû te punir.
» Je n'exige de toi que de reprendre encore
» Cette mâle fierté qui te pare et t'honore :
» Reviens sous nos drapeaux. Par d'illustres exploits
» Assure la victoire, et recouvre tes droits ;
» Cours purger la forêt des monstres homicides
» Dont l'aspect arrêta des guerriers trop timides ;
» Que ces fantômes vains, à ta voix éclipsés,
» Nous laissent achever des travaux commencés ».

Il dit ; et le héros, d'un ton simple et modeste,
Se dévoue aux périls de la forêt funeste.

Sur son front radieux on lit l'espoir flatteur
D'obtenir le succès qu'on offre à sa valeur.
Un cercle de guerriers l'entoure et le caresse.
Guelfe, contre son sein le serre avec tendresse.
On croirait, aux transports que cause son retour,
Qu'il revient triomphant des barrières du jour.

Suivi de son cortège il rentre dans sa tente.
Il accueille et reçoit la foule impatiente.
Enfin on se sépare, et Pierre avec douceur
S'entretient de ses maux, et calme sa douleur.

« Adorons du Très-Haut la bonté souveraine;
» Il a rempli nos vœux, il a brisé ta chaîne.
» Ami, tu lui dois tout, et son bras révéré
» Te rejoint au troupeau dont tu fus séparé;
» C'est lui qui te choisit pour laver son injure.
» Mais pour servir son culte il faut une main pure;
» Et le bandeau fatal épaissi sur tes yeux
» Bornerait dans leur cours tes exploits glorieux.
» D'un monde corrompu les flatteuses amorces,
» En flétrissant ton cœur ont altéré tes forces;
» Répare tes forfaits. L'éternelle clarté
» A ce cœur gémissant rendra sa pureté.
» Le front humilié, dans un pieux silence,
» De l'arbitre suprême implore la clémence.

CHANT XVIII.

» De tes honteux liens il a su t'affranchir.
» Aux larmes du pêcheur il se laisse fléchir.
» Il a pour les mortels les entrailles d'un père,
» Et l'on peut aisément désarmer sa colère ».

Il dit; et le héros, qu'attendrit ce discours,
Abjure son orgueil et ses folles amours.
Pierre pleure avec lui, nourrit sa confiance,
Et verse dans son sein une douce espérance.

« Demain, dès que le jour sortant des flots amers,
» D'un trait faible et léger sillonnera les airs,
» Sur le sommet du mont qui domine Solime
» Au Dieu de l'univers fais l'aveu de ton crime;
» Devant ce grand témoin, épanche sans rougir
» Les regrets de ton ame ouverte au repentir.
» De là, vers la forêt cours avec assurance;
» Dieu lui-même, content de ton obéissance,
» Marchera devant toi. Son invisible bras
» Combattra pour sa cause, et guidera tes pas.
» D'une nouvelle erreur si tu sais te défendre,
» Ces monstres, ces géans ne pourront te surprendre.
» Forcés à respecter les arrêts du destin,
» Fruits d'un art criminel, ils s'armeront en vain.
» Aux cris de la douleur, aux chants de la tendresse,
» Oppose, cher Renaud, une mâle rudesse;

» Évite des beautés dont les traits enchanteurs
» T'offriraient le trépas sous des dehors flatteurs;
» Crains de la volupté le perfide langage....
» Alors de tes succès je conçois le présage ».

Il se tait. Le guerrier ardent, impétueux,
Hâte le doux moment qui doit combler ses vœux.
Avant que dans les cieux l'amante de Céphale
Ait placé sur son front sa couronne d'opale,
Il a ceint son armure, et vers le mont sacré
Il s'avance joyeux et d'un pas assuré.
Avec le jour naissant la nuit luttait encore,
Des roses émaillaient le berceau de l'aurore,
Et l'Orient couvert d'un manteau radieux,
Semait la pourpre et l'or sur les monts sourcilleux.
Le héros attentif admire l'étendue
Et l'éclat des tableaux qui s'offrent à sa vue.

« Que de clartés, dit-il, brillent au haut des airs!
» Ce soleil imposant, flambeau de l'univers,
» En monarque orgueilleux mesure sa carrière,
» Il inonde l'Éther d'un fleuve de lumière.
» Cent astres différens, sur des chars de rubis,
» Imprègnent de leurs feux les célestes parvis.
» Et nous, faibles mortels, ces beautés immortelles,
» De leur suprême auteur interprètes fidèles

CHANT XVIII.

» Ne peuvent un moment attacher nos regards !
» Victimes du mensonge, et jouet des hasards,
» L'homme n'hésite point à se forger des chaînes,
» Il aigrit le poison qui bouillonne en ses veines ;
» Il se trompe lui-même, et brûle de saisir
» Cet éclair fugitif qu'on nomme le Plaisir.
» Un souris, un seul mot d'une bouche perfide,
» Egarent sa raison et lui servent de guide ».

Parvenu sur le mont, d'un air respectueux,
Jusqu'au trône éternel il élève ses vœux.
« Dieu protecteur, dit-il, ô seul Dieu que j'adore !
» Toi, que jamais en vain le coupable n'implore !
» Pardonne à mes erreurs, et d'un œil de bonté
» Rends l'espoir et le calme à ce cœur agité.
» O mon souverain maître ! exauce ma prière,
» Et verse dans mon ame un baume salutaire ».

L'Aurore plus vermeille, au feu de ses rayons
Dore les peupliers et la cime des monts ;
Un vent plus pur, plus frais, dans les airs se déploie,
Ses sens sont enivrés de parfums et de joie ;
Il renaît par degrés. Le zéphyr amoureux
Voltigeant sur les fleurs qui croissent en ces lieux,
D'une douce rosée inonde son armure.
Cette fraîche liqueur la colore, l'épure,

Et ses sombres habits, éclatans de blancheur,
Répandent à l'entour une vive lueur.
Telle dès le matin une rose mourante
Se redresse et sourit sur sa tige odorante;
Tel encore au printemps le serpent réveillé,
Etale l'or nouveau dont il est émaillé.

Le héros se contemple et s'admire lui-même.
Bénissant du Très-Haut la puissance suprême,
Sur sa fatale erreur il gémit en secret,
Et d'un pas intrépide il marche à la forêt.
Mais ce bois à ses yeux n'offre rien de sauvage.
Il s'élève paré d'un immortel feuillage.
De célestes accords, des concerts ravissans
Enchantent son oreille et pénètrent ses sens.
De limpides ruisseaux, par une pente douce,
Serpentent mollement sur des tapis de mousse.
Un mélange confus d'instrumens et de voix
Etonne le guerrier, et le frappe à la fois.
Là, le cigne se plaint; ici, Zéphyr soupire,
Philomèle, plus loin, module son martyre.

Il s'arrête surpris. Bientôt avec lenteur,
De ces rians sentiers il sonde l'épaisseur.
Un fleuve tout-à-coup lui ferme le passage
Il abreuve et nourrit la forêt qui l'ombrage.

CHANT XVIII.

Ses bords sont tapissés de roses, de lilas,
Dont ses flots argentés reflètent les appas.
Dans leur cours inégal, ses eaux voluptueuses
Tracent sur le gazon des routes tortueuses.

Soudain un pont assis sur des arches d'airain,
A Renaud attentif ouvre un large chemin;
Mais à peine ses pieds ont touché l'autre rive,
Il croule avec fracas; et l'onde fugitive
S'enfle, écume, mugit, et ce fleuve riant,
A travers les débris s'éloigne en bouillonnant.

Le guerrier, au-dessus d'une vulgaire crainte,
Parcourt de la forêt la ténébreuse enceinte.
Des prodiges nouveaux attirent ses regards.
L'amaranthe et le lis naissent de toutes parts.
Tout concourt à parer ce champêtre élysée.
Là, des arbres touffus, humides de rosée,
Chargent d'un fruit vermeil leurs rameaux vacillans,
Et le miel le plus pur distille de leurs flancs.
Ici, des sons plaintifs affligent ses oreilles,
Et par-tout la nature étale ses merveilles.

Renaud d'un front serein écoute ces accens,
Et son cœur se refuse au rapport de ses sens.
Il s'avance, et découvre un myrte solitaire
Qui, jusques dans les cieux dressant sa tête altière,

Dominait les palmiers et les pins orgueilleux,
Dont la cime superbe ombrageait ces beaux lieux.

L'air frémit.... Tout-à-coup cèdre se déchire.
O dieux !.... Sous son écorce une   te respire.
Des chênes, des sapins s'entr'ouvrent à la fois....
Telles on nous dépeint les déesses des bois.
De cent jeunes beautés la troupe demi-nue,
Forme autour de Renaud une danse ingénue.
Des guirlandes de fleurs, et des tissus brillans
Fixent leurs blonds cheveux agités par les vents.
Sœur du père du jour, et fille de Latone,
De tes nymphes ainsi la foule t'environne.
Les zéphyrs, les ruisseaux se taisent à leur voix,
Et des guitares d'or frémissent sous leurs doigts.

« Heureux le jour qui te ramène,
» Objet d'un amoureux espoir !
» O favori de notre reine !
» Elle peut enfin te revoir.
» Ingrat, cette forêt sauvage
» Sourit à ton aspect, et reprend sa beauté.
» Les arbres desséchés recouvrent leur feuillage,
» Tout renaît à la volupté.

» En proie au feu qui la dévore,
» Rends-lui le bonheur et la paix.
» Le retour de ce qu'elle adore

CHANT XVIII.

» Va ranimer tous ses attraits.

» Elle gémit.... Sa voix chérie
» Laisse à peine échapper ces douloureux accens:
» Hélas! j'étais heureuse, et la fleur de ma vie
» Se fane à peine en son printemps.

» SENSIBLE à ses tendres alarmes,
» C'est à toi de la consoler;
» Tes baisers tariront les larmes
» Que ton injure fit couler.
» Ne crains point de trop justes plaintes,
» L'amante qui soupire a déjà pardonné:
» Au fond de cet abri, de jasmins couronné,
» L'amour va modérer tes craintes ».

Alors la forêt tremble, et le myrthe enchanté
Se balance et frémit par les vents agités.
Il s'entr'ouvre, il en sort une beauté céleste....
Le héros l'envisage.... O spectacle funeste!
C'est elle, c'est Armide.... Une molle pâleur
Obscurcissait son front, siége de la douleur.
La joie et le dépit, la contrainte et la rage,
Mille autres sentimens règnent sur son visage.

« JE te revois, dit-elle; enfin tu me rejoins,
» Cher et cruel objet de mes plus tendres soins!
» Inflexible Renaud, quel dessein te ramène?
» Viens-tu me consoler, ou jouir de ma peine?

» Viens-tu par ta présence adoucir mes ennuis,
» Où me braver encor dans l'état où je suis?
» Réponds... Mais quoi, cruel! tu me montres tes armes?
» Sans doute à mes regrets ton cœur trouve des charmes.
» Est-ce un amant soumis que je retrouve en toi?
» D'un barbare vainqueur dois-je subir la loi?
» Parjure! c'est pour toi que ces fleurs sont écloses;
» Pour toi ce sol ingrat a vu naître des roses:
» C'est moi qui te sauvai du plus affreux danger.
» Peut-être, j'en crois trop un espoir mensonger,
» Mais si tu n'es pas sourd à la reconnaissance,
» Si tu m'aimes encor, couronne ma constance;
» Que ce casque jaloux détaché par mes mains,
» Découvre à mes regards le plus beau des humains.
» Sur ce front enchanteur, dans ces yeux que j'adore,
» Que je nourrisse au moins le feu qui me dévore;
» Que mon sein palpitant puisse presser le tien....

Écoute-moi, cruel!...». Mais le héros Chrétien
Voit couler d'un œil sec ses impuissantes larmes,
Et les feintes douleurs qui ternissent ses charmes
Ne sauraient amollir son invincible cœur.

Le guerier s'abandonne à toute sa fureur;
Il marche droit au myrthe.... Alors l'enchanteresse
Serre ce tronc chéri, le défend et le presse.

» Non, barbare, jamais ton redoutable bras
» Ne pourra consommer d'aussi noirs attentats.
» Quitte, quitte ce fer, ou bien dans ta furie
» Perce ce lâche cœur qui déteste la vie.
» Va, ce n'est qu'en marchant sur mon corps déchiré,
» Que tes coups atteindront cet asyle sacré ».

Elle dit.... Le héros fait briller son épée....
Le fantôme qui voit son attente trompée,
Défigure ses traits. Un horrible géant,
Un nouveau Briarée, au regard foudroyant,
Lève sur le guerrier sa pesante massue.
L'intrépide Renaud sourit à cette vue;
Chaque nymphe à son tour s'est couverte d'acier.
Cette horde infernale entoure le guerrier.
La terre sous ses pieds frémit, tremble et chancelle;
L'enfer en ce moment combat pour sa querelle.
Une profonde nuit enveloppe les airs,
Le ciel lance la foudre, et vomit des éclairs;
Les tempêtes, les vents mugissent, se confondent,
Et les échos voisins au tumulte répondent.
L'abîme s'est ouvert, des spectres menaçans
Poussent avec fureur de lugubres accens;
Mais Renaud brave seul l'enfer et la nature.
Il redouble ses coups. D'une main toujours sûre
Il a tranché le myrthe, et ses tristes débris
Couvrent le sol impur qu'il occupait jadis.

Le charme a disparu; ces monstres, ces chimères,
De l'antique forêt déités tutélaires,
Tombent en mugissant dans leur empire obscur.
L'air se calme, les cieux se revêtent d'azur,
Et libre dans son cours, le char de la lumière
Roule en étincelant au haut de sa carrière.

Le vainqueur satisfait, par de nouveaux essais
Assure son triomphe, et poursuit ses succès.
Désormais sans obstacles, et d'un pas plus tranquille
Il visite et parcourt ce rivage stérile;
Il n'y voit que l'horreur dont le bois est empreint....
« Vains fantômes, dit-il, insensé qui vous craint! »

Cependant il s'éloigne, et rejoint son armée.
Du sage Godefroi la tendresse alarmée,
S'anime à son aspect du baume de l'espoir.
» Il revient, et l'enfer a perdu son pouvoir,
» S'écrie avec transport le pieux solitaire!
» Admirez son audace et sa démarche altière.
» Il est vainqueur.... Amis, adorez ce grand jour ».

Tout le camp inquiet célèbre son retour.
Bouillon contre son sein l'arrose de ses larmes.
« De l'antique forêt j'ai dissipé les charmes;
» Mon bras a terrassé ces monstres, ces géans,
» De l'enfer conjuré ministres impuissans.

» Elle est libre, Seigneur ». La tranchante coignée
Soudain fait retentir la forêt dédaignée.

Maître de l'Océan, Roger fit autrefois
Respecter sur les mers le pavillon Génois;
Mais contraint de céder aux forces de l'Asie,
Il unit aujourd'hui l'audace à l'industrie.
De hardis matelots transformés en soldats,
Affrontent sous ses lois les hasards des combats.
Deux cents bras exercés, à ses ordres fidèles,
Dessinent leurs travaux sur de savans modèles.
Des miracles de l'art s'enfantent sous ses yeux.
D'une nouvelle tour le sommet orgueilleux
Plane avec majesté sur la ville ennemie;
Le cuir qui la revêt bravera l'incendie,
Un mobile bélier recélé dans son sein
Doit frapper les remparts, espoir du Sarrasin.
Bouillon et son armée admirent ces prodiges,
D'un pouvoir inconnu secourables prestiges.

De ces travaux divers l'infidèle est frappé;
A ses perçans regards ils n'ont point échappé.
Du sein de la forêt il voit avec surprise
Rouler le coudrier, le frêne et le citise.
A de nouveaux moyens lui-même ayant recours,
Il relève les murs, et raffermit les tours.
Déjà tout est prévu. Ismen qui le protège,

Interroge ses dieux et son art sacrilège;
Sa rage par degrés s'alimente, s'accroît,
Et le cœur ulcéré des affronts qu'il reçoit,
Il prépare des feux d'une force inconnue.
Le soufre empoisonné que renferme la nue,
Le bitume subtil de ce fleuve profond,
Qui neuf fois se replie autour de l'Achéron,
La naphte des volcans, leur lave meurtrière,
De ces feux dévorans composent la matière.
L'exécrable enchanteur, loin des yeux indiscrets
Dans un antre fatal éprouve ses secrets.

TANDIS que le Chrétien s'enivre d'espérance,
Tandis que l'ennemi prépare sa défense,
Une blanche colombe attire leurs regards.
Elle allait de Solime atteindre les remparts:
Mais soudain un faucon à la serre tranchante,
S'élance après l'oiseau, le glace d'épouvante;
Il le poursuit, le presse, et son vol furieux
Rase comme l'éclair la surface des cieux;
Il va le déchirer.... quand l'animal timide
Sur le camp des Chrétiens fixe son cours rapide;
Il plane quelque temps, et, plein d'un juste effroi,
Va chercher un asyle auprès de Godefroi.

LE héros le reçoit.... Sous son aile cachée
Une lettre à son cou paraissait attachée;

CHANT XVIII.

Il l'ouvre, lit ces mots, et rend grace au destin:
« Le Général d'Egypte au puissant Aladin,
» Salut. Ne laisse point abattre ton courage,
» Seigneur, conçois plutôt un fortuné présage.
» Mes guerriers triomphans s'approchent de Sion.
» Avant que par cinq fois le brillant horizon
» Ait reçut la clarté d'une nouvelle aurore,
» Ces lâches ennemis que ton grand cœur abhorre
» Subiront le trépas qui leur est destiné ».

De cet événement le héros étonné,
Rassemble ses guerriers, bénit ce jour prospère,
Et révèle en ces mots cet important mystère:
« Le ciel qui de leurs fers délivre les humains,
» Le ciel, des ennemis dévoile les desseins.
» Pourquoi de vains retards? sûrs de notre courage,
» Qu'est-il besoin, amis, d'hésiter davantage?
» Sur la ville, Raymond dirigera les tours,
» Camille doit au Nord porter de prompts secours;
» Et moi, sur l'Orient fixant toujours ma vue,
» J'irai former plus loin une attaque imprévue ».

Il se tait; et Raymond.... « J'approuve tes moyens;
» Mais pour mieux assurer les progrès des Chrétiens,
» J'exigerais encor qu'un espion fidèle,
» Dont un de nous connût la prudence et le zèle,

» Au camp égyptien s'ouvrit un sûr accès,
» Et par un prompt rapport éclairât nos succès ».

　Il dit; Tancrède alors: « Amis, je vous propose
» Un de mes écuyers.... tout mon cœur se repose
» Sur son intelligence et sa fidélité ;
» Il est hardi, discret, parle avec pureté
» Les langages divers de l'armée ennemie... ».
Bouillon à sa promesse aisément se confie.
On appelle Vafrin.... Au-dessus du danger,
Il accepte l'emploi dont on veut le charger.

　« Je pars, dit-il; bientôt vous pourrez me connaître.
» Digne du noble soin qu'on daigne me commettre,
» J'entrerai dans le camp à la clarté du jour ;
» Je veux en parcourir le plus secret détour,
» Pénétrer les complots, en démêler la trame,
» Aborder les guerriers, et lire dans leur ame.
» Comptez sur mes sermens, et croyez que ma voix
» Saura dans les combats diriger vos exploits ».

　Il a dit; et revêt une robe flottante.
Il ceint sur son turban une aigrette brillante ;
Un arc est dans ses mains, un carquois sur son dos;
Sa fierté, son audace annoncent un héros.
Sur un fougueux coursier aussi-tôt il s'élance;
Il part, et dans les cœurs il laisse l'espérance.

CHANT XVIII.

Cependant les Chrétiens toujours impétueux,
Semblent craindre de perdre un instant précieux.
Ils nourrissent l'ardeur de leur ame échauffée,
Et repoussent loin d'eux les pavots de Morphée.
La veille de ce jour auguste et solemnel,
Bouillon et ses guerriers implorent l'Eternel.

Les coursiers du soleil commençant la carrière,
De leurs naseaux ardens respiraient la lumière;
Soudain des cris joyeux font retentir les airs,
Des bataillons Chrétiens tous les champs sont couverts.
Leurs formidables tours, instrumens de la haine,
Roulent sur des essieux et sillonnent la plaine.
L'infidèle pâlit à cet aspect fatal;
Le premier de l'attaque il donne le signal.
Le timide Aladin, appesanti par l'âge,
A repris en ce jour son antique courage :
Il implore ses dieux; Godefroi, le Très-haut.

Déja de trois côtés commence un triple assaut.
Tout tremble, tout frémit.... On se joint, on se presse,
On se mêle, on emploie et la force et l'adresse;
Les dards, les javelots, les lances des soldats,
Dans leurs robustes mains se brisent en éclats.
La mort plane sur eux, la fureur l'accompagne,
Et des ruisseaux de sang inondent la campagne.

Les cadavres fumans, l'un sur l'autre entassés,
N'offrent plus qu'un monceau de membres dispersés.
Des globes meurtriers pleuvent sur les armées,
Les tours lancent au loin des pierres enflammées ;
Et leur sein s'entr'ouvrant avec un bruit affreux,
Vomit sur les remparts un déluge de feux.
L'homicide bélier ébranle les murailles,
Les créneaux sont détruits, et le dieu des batailles
Des soldats acharnés égarant la raison,
Fait siffler ses serpens, et souffle son poison.

Renaud, irrésolu, se consulte et s'arrête;
Il brave les périls qui menacent sa tête.
Trop fier, trop au-dessus des vulgaires humains,
Il promène au hasard ses regards incertains.
Son invincible bras enchaîne la victoire;
Mais las de se couvrir d'une commune gloire,
Il adresse ces mots aux vengeurs de Sion :

« Vous que guidait jadis le généreux Dudon !
» O vous, dignes amis ! une secte inhumaine
» A l'abri des remparts insulte à notre haine.
» Quelle honte pour nous ! ce mur repose en paix,
» Il cache l'ennemi qui se rit de nos traits.
» Ah ! lavons ce mépris dans le sang des perfides;
» Il n'est point de dangers pour des cœurs intrépides.

CHANT XVIII.

» Allons. De nos succès le sort même est jaloux,
» Nos pesans boucliers tromperont tous les coups ».

Il dit. Ses compagnons les courbent sur leur tête,
Et sous ce toit de fer ils bravent la tempête.
Renaud dresse une échelle ; elle cède à sa main.
Telle la plume cède au souffle du matin ,
Des rochers monstrueux roulent sur son armure.
Mais un simple mortel commande à la nature ;
Elle craint d'attenter à ces jours précieux.
Tel dans la Thessalie un Titan orgueilleux
De son horrible aspect épouvantant la terre,
Fit trembler dans sa cour le maître du tonnerre.

Chacun de sa fierté veut être le rival ;
Mais, comme leur valeur leur sort est inégal.
Mille bras réunis lui ferment le passage ;
Le nombre qui l'accable ajoute à son courage.

O prodige ! ô bonheur ! Dans les airs suspendu
Un seul homme s'oppose à ce peuple éperdu !
Il s'élance, il frémit, il s'indigne, il menace,
Et les traits impuissans meurent sur sa cuirasse.
La foule se disperse, il s'attache aux créneaux ,
Et d'un sang criminel il fait couler les flots.
Déjà sur les remparts ce vainqueur indomptable
Tend au jeune Bouillon une main secourable.

Cependant Godefroi tentait plus loin le sort.
De la ruse et de l'art il employait l'effort.
Sur les murs de Sion, des poutres élevées
Par des cables nombreux à grand bruit soulevées,
Se portent en avant sur la tour des Chrétiens,
Et d'un choc répété relâchent ses liens.
Tout-à-coup de son sein sortent des faux tranchantes
Qui brisent les supports de ces poutres mouvantes.
Elles tombent.... Leur chûte entraîne les créneaux,
Et dans les antres sourds éveille les échos.
Tel, quand les aquilons dévastent les campagnes,
Un énorme rocher, souverain des montagnes,
Déracine en roulant les pins audacieux,
Et sur les flancs du mont bondit en blocs poudreux.

Bouillon s'avance alors. Dans sa main généreuse
Flottent de ses guerriers l'enseigne radieuse;
Il allait l'arborer sur les sacrés remparts.
Soudain de noirs torrens pleuvent de toutes parts,
Et d'épais tourbillons de flamme et de fumée
Obscurcissent le jour et couvrent son armée :
Plus de vapeurs jamais n'embrasèrent les cieux,
Le Vésuve jamais ne vomit plus de feux.

La machine est bientôt couverte de bitume :
Le cuir qui la défend se ride et se consume.

CHANT XVIII.

Par-tout volent des dards qui s'enflamment dans l'air.
La foudre à flots brillans circule dans l'Ether,
Et les dieux infernaux échappés de l'abîme,
S'unissent à la fois en faveur de Solime.

Godefroi cependant, le front toujours serein,
N'ose se plaindre encor des rigueurs du destin ;
Jusqu'au trône éternel élevant sa pensée,
Il y porte les vœux de son ame empressée.
O vertueux mortel ! ô fortuné guerrier !
L'enfer à tes accens est contraint de plier !
Le Dieu de l'univers va remplir ton attente;
Les vents vont obéir à ta voix triomphante.

Ils mugissent. Déjà leur souffle impétueux
Contre les Sarrazins a repoussé les feux.
Ismen alors, Ismen arme pour sa querelle
Les pâles habitans de la nuit éternelle;
Victime de son art, pour la seconde fois
Il va de la nature interrompre les lois.
Il paraît sur le mur. Caché sous sa paupière,
Son œil louche et sanglant semble fuir la lumière :
Tel on eût peint jadis, aux bords de l'Achéron,
L'époux de Proserpine, ou l'avare Caron.

Il médite déjà quelque charme funeste;
Déjà le jour s'éteint dans sa marche céleste:

Quand d'un vaste rocher de la tour échappé,
L'exécrable enchanteur tout-à-coup est frappé.
Son corps trace en tombant une ligne fumante.
Tel le grain disparaît sous la meule pesante.
Il n'infecte plus l'air qu'on respire en ces lieux....
Tremblez, faibles mortels, et respectez les dieux.

L'HOMICIDE machine à l'instant rapprochée,
Par des leviers mordans aux murs est attachée.
Son pont s'est abattu...., L'impétueux Argant
Accourt, et veut couper ce passage important.
Il redouble d'efforts... Soudain, sur la première,
Une seconde tour dresse sa tête altière.
L'Infidèle pâlit ; mais le Circassien
Ne quitte point son poste, et brave le Chrétien.
Godefroi le ranime.... A sa vue égarée
Un céleste guerrier descend de l'empirée ;
Un casque d'émeraude orne ses blonds cheveux,
Et son divin éclat dore l'azur des cieux.

« GODEFROI, que ton cœur s'abandonne à la joie ;
» Regarde le secours que l'Immortel t'envoie.
» Les temps sont arrivés.... Le Dieu de l'univers
» De la sainte cité va rompre enfin les fers.
» Lève tes yeux, ami ; que ta faible prunelle
» Soutienne les rayons de la gloire immortelle.
» Des esprits lumineux écoute les accords ;

» Ils viennent seconder tes généreux efforts,
» Parmi ces tourbillons de poudre et de fumée,
» C'est Hugues, ton ami, qui conduit ton armée ;
» Il poursuit le païen dans ses retranchemens,
» Et des tours du Midi sape les fondemens.
» Plus loin, le fier Dudon anime tes cohortes,
» Et du côté du Nord il assiège les portes.
» A quoi bon te nommer les différens guerriers
» Qui quittent en ce jour les célestes sentiers » ?

Il se tait, et revole au séjour du tonnerre.
Les regards de Bouillon s'attachent à la terre.
Tout fuit. Et cependant ce foudre des combats,
Renaud gravit les murs, suivi de ses soldats.
Il s'élance, il saisit d'une main assurée
Des vainqueurs des tyrans l'enseigne révérée.
Il l'arbore.... O prodige ! ô fortuné moment !
Le fougueux aquilon souffle plus mollement.
Les flèches et les traits reculent à sa vue:
Sa cime se déploie et se perd dans la nue.
L'air est plus doux, plus pur.... le père des saisons
Le dore avec respect du feu de ses rayons ;
Solime tressaillit, les échos des montagnes
De chants victorieux remplissent les campagnes.

Tout renaît au bonheur. Tancrède au même instant
Ranime son ardeur et triomphe d'Argant.

Aux portes du Midi le comte de Toulouse
Décide en sa faveur la fortune jalouse;
Aladin éperdu fuit devant son drapeau,
Et va chercher plus loin un asyle nouveau.

Les vainqueurs forcenés pénètrent dans Solime.
La vengeance, le deuil, le désespoir, le crime,
Compagnons de la mort, volent de toutes parts,
Et les feux de la haine allument les remparts.
Tout tombe, on prend la fuite, et la terre rougie,
Boit à longs traits le sang de cette secte impie.

FIN DU CHANT DIX-HUITIÈME.

LA
JÉRUSALEM DÉLIVRÉE.

CHANT DIX-NEUVIÈME.

SOMMAIRE

DU CHANT DIX-NEUVIEME.

Combat d'Argant et de Tancrède. Le Sarrazin succombe, et Tancrède, dangereusement blessé, reste sans connaissance sur le champ de bataille. Jérusalem est livrée aux horreurs du pillage ; ses plus vaillans défenseurs expirent : mais Soliman vit encore, et, renfermé dans une tour avec Aladin et les principaux guerriers, il repousse les Chrétiens qui veulent s'emparer de ce dernier asyle. La nuit arrive ; Godefroi fait retirer ses troupes, et met un frein à leur cupidité. Cependant Vafrin pénètre dans le camp des Infidèles. Parmi les femmes qui composent la suite d'Armide, il reconnaît Herminie. Tous deux, à la faveur des ombres, abandonnent le camp ; la princesse dévoile à Vafrin le complot tramé contre les jours de Bouillon. Elle lui raconte ses malheurs, et la naissance de son amour pour Tancrède. Non loin des murs de Solime ils trouvent ce héros étendu sur le sable et baigné dans son sang. Regret de la tendre Herminie ; son art rappelle au jour l'ame fugitive du guerrier. On le transporte dans la ville, et Vafrin révèle à Bouillon les secrets dont il est instruit. Sur l'avis de Raymond, on prépare pour le lendemain un nouvel assaut.

CHANT DIX-NEUVIÈME.

Les ordres d'Aladin, et la confusion
Avaient fait déserter les remparts de Sion.
Tout regorgeoit de sang.... Terrible, menaçante,
La mort roulait son char dans la plaine fumante.
L'infidèle éperdu, les plus vaillans guerriers
Couraient cacher leur honte au sein de leurs foyers.
Argant résiste seul, et son mâle courage
Paraît se réveiller au milieu de l'orage.
Il exhorte les siens, pâles et consternés,
Protège de son bras les murs abandonnés,
Et craint moins le trépas qui plane sur sa tête
Que l'odieux soupçon d'une lâche défaite.

Un torrent d'ennemis enveloppe ses pas.
Ainsi sur l'Apennin, couronné de frimas,
Battu par la tempête, un chêne indestructible
Oppose à ses efforts son front inaccessible.
Ainsi le Sarrazin... A travers les débris,
Tancrède se présente à ses regards surpris.
A sa voix, à ses coups, à sa démarche altière,
Argant a reconnu son illustre adversaire.

« Est-ce ainsi, lui dit-il, que tu fais ton devoir ?
» Tancrède, en ce moment devais-je te revoir ?
» Parjure à tes sermens, à l'honneur infidèle,
» Faut-il que le hazard près de moi te rappelle ?
» Je t'attendais plutôt ; et je ne pensais pas
» Que tu me rejoindrais entouré de soldats.
» Tu n'es plus un guerrier.... Vil assassin des femmes,
» Penses-tu recourir à tes troupes infâmes ?
» Que dis-je ! tu le peux... cache-toi dans leurs rangs...
» Je saurai t'y trouver, et t'y percer les flancs.
» Substitue à la force une vaine prudence....
» N'importe.... j'ai marqué l'instant de ma vengeance ».

TANCRÈDE à ce discours répond avec mépris ;
Le dédain sur sa bouche amène le souris.
« Tu blâmes mon retard ! Ah ! bénis au contraire
» Le sort qui prolongea le sort de ta carrière.
» Ce bras va te prouver que, fidèle à ma foi,
» De semblables détours sont indignes de moi.
» Accuse en ce moment le jour qui me ramène.
» Tu le dois.... rien ne peut te soustraire à ma haine,
» Et tu vas desirer qu'un obstacle nouveau
» Referme sous tes pieds l'abime du tombeau.
» Invincible héros, viens te couvrir de gloire.
» Le triomphe t'attend aux champs de la victoire,
» Mahomet te réserve un plus brillant laurier....
» Tancrède cependant ose te défier ».

CHANT XIX.

Il dit ; et se tournant vers sa brave cohorte....
« Modérez, compagnons, l'ardeur qui vous transporte.
» De la chûte d'Argant ne soyez point jaloux ;
» Le ciel et mon devoir le livrent à mes coups.
» Marchons, lui dit Argant. Loin des murs de Solime,
» Au milieu d'un désert, au centre de l'abime,
» Seul, ou suivi des tiens, je m'attache à tes pas,
» Et sans t'avoir vaincu je ne te quitte pas ».

Tous les deux, à ces mots, s'éloignent de la plaine
A la pâle lueur des flambeaux de la haine.
Des groupes d'ennemis pressent le Sarrasin,
Tancrède le défend sous un rempart d'airain,
Il repousse leurs traits, et cache sa victime ;
Il aurait à rougir dans l'espoir qui l'anime,
Si quelqu'autre guerrier prévenant sa fureur,
D'un succès glorieux lui disputait l'honneur :
Enfin à leur courroux il dérobe sa proie.
Alors, ivre d'orgueil, de colère et de joie,
Par des chemins secrets il court dans un vallon
Décider à jamais des destins de Sion.

Libres et sans témoins, dans ce lieu solitaire
Ils s'arrêtent tous deux. Mais son fier adversaire,
Argant fixe Solime ; et son œil attendri
Erre languissamment sur cet objet chéri.

« Argant, dit le héros, de quelle sombre idée
» Ton ame tout-à-coup est-elle possédée ?
» Dans ce combat fatal crains-tu de t'engager ?
» Ton cœur se dément-il à l'aspect du danger ?
» Ce n'est point le moment d'avouer ta faiblesse ;
» Puisque tu dois périr, que ce soit sans bassesse.

» — Je plains cette cité. Témoin de sa splendeur,
» L'Asie avec respect admira sa grandeur.
» Autrefois souveraine, et maintenant captive,
» Dans des fers odieux il faudra qu'elle vive.
» Vainement du hazard balançant les décrets,
» Mon bras de tes Chrétiens a puni les forfaits ;
» Je n'ai pu qu'éloigner un instant si funeste,
» L'inexorable ciel a conduit tout le reste ;
» Et le juste trépas que tu vas recevoir,
» Satisfait à ma rage, et non à son espoir ».

Ils s'avancent alors avec la méfiance
Qu'inspire à chacun d'eux leur commune vaillance.
L'un est souple, prudent, agile, plein d'ardeur,
Et l'autre d'un colosse a la vaste épaisseur.
Tancrède moins fougueux, se plie et se ramasse,
Trompe du Sarrazin l'impétueuse audace,
Frappe l'endroit plus faible, et son rapide fer
Voltige et se déploie aussi prompt que l'éclair.

CHANT XIX.

Argant, tel qu'un rocher, immobile sans cesse,
Sous un autre maintien montre une égale adresse.
Ainsi, quand le zéphyr règne seul sur les eaux,
On aime à voir lutter deux esquifs inégaux ;
L'un vole en un clin-d'œil de la pouppe à la proue,
Et l'autre plus pesant de ses efforts se joue.

Tandis que le héros, par un adroit détour,
Se flatte de saisir un favorable jour,
L'Infidèle l'épie, et perçant son armure,
Dans son flanc découvert porte une atteinte sûre.
« Tu succombes, dit-il, et ton art te trahit ».
Tancrède est dévoré de honte et de dépit.
Une lente victoire, à son ame inquiète
Ne paraît maintenant qu'une obscure défaite.
Il joint le Sarrazin; son glaive meurtrier
S'abreuve de son sang, et déchire l'acier.
« Tiens, superbe vainqueur ! tiens, voilà ma réponse !
» Tu semblais l'espérer; eh bien ! je la prononce ».

L'Infidèle frémit, s'agite, se débat,
Et s'engage aussi-tôt dans un nouveau combat.
Il jette son épée, et, brûlant de colère,
Dans ses robustes bras presse son adversaire.
Ces illustres rivaux, l'un à l'autre attachés,
S'ébranlent tour à tour vers la terre penchés.

Tel la Fable nous peint le frère d'Eurishtée,
Déployant sa vigueur contre l'énorme Anthée.

Tous deux tombent enfin.... Mais le Circassien
Ecrase sous son poids l'intrépide Chrétien.
Tancrède furieux s'agite, se dégage,
Et cherche à se venger de ce sanglant outrage.
Le combat recommence, et l'aveugle hasard
En proscrit désormais les ressources de l'art.
Le héros est blessé; mais du fier Infidèle
Sur le sable enflammé déjà le sang ruisselle.
Il chancèle, s'épuise, et sa fureur languit:
Ainsi sans aliment le feu s'évanouit.

Tancrède à cet aspect sent expirer sa rage.
Il recule, et lui tient ce tranquille langage :
« Rends-toi, je t'en conjure, ô généreux guerrier !
» Aux décrets éternels il est temps de plier.
» Argant, pour ton vainqueur tu dois me reconnaître.
» Je ne demande point que, cédant à ton maître
» Tu viennes dans ses fers, tremblant, humilié,
» Réclamer bassement les droits de la pitié.
» Sois libre. C'est assez que le destin contraire
» Trahisse la valeur d'un illustre adversaire ».

Le barbare à ces mots, furieux, oppressé....
« Ce discours insolent m'est-il donc adressé ?

CHANT XIX.

» Téméraire ! crois-tu que soumis à la crainte,
» Pour la première fois je descende à la feinte ?
» Tu ne m'as point vaincu.... D'un Chrétien que je hais,
» Irai-je en vil esclave accepter les bienfaits ?
» Redoute que ce bras, au défaut du tonnerre,
» D'un monstre tel que toi ne purge enfin la terre ».

Il se tait ; et couvert des ombres de la mort,
Mais trop grand pour céder aux jeux cruels du sort,
Il réveille et soutient sa force défaillante.
Ainsi durant la nuit une lampe mourante
Vacille quelque temps avec rapidité,
Et jette en s'éteignant une vive clarté.

Il s'avance. Sa main par la rage est guidée,
Et du sang du héros la terre est inondée.
Il redouble.... Tancrède échappe à son courroux.
Argant, tu veux encor porter de nouveaux coups !
Mais le ciel a marqué la fin de ta carrière,
Tu tombes, et ton corps sillonne la poussière.
Pour la seconde fois son vainqueur indompté
Lui propose la vie avec la liberté ;
Il lui tend une main, gage de sa promesse ;
O crime ! ô trahison ! Le perfide le blesse.
Tancrède alors, se livre à toute sa fureur,
Et la pitié s'éteint dans le fond de son cœur.

Il dirige son fer vers ce sein qu'il abhorre,
L'y plonge, l'en retire, et l'y replonge encore.
Le Sarrazin expire, enfin il est vaincu;
Mais il meurt sans faiblesse, et tel qu'il a vécu.
Un voile ténébreux obscurcit ce visage
Où le crime grava son empreinte sauvage;
L'audace règne encor sur ces traits pâlissans,
Et l'orgueil retentit dans ses derniers accens.

Le courageux Tancrède, ivre de sa victoire,
Offre à l'Être éternel son triomphe et sa gloire:
Elle lui coûte trop pour qu'il puisse en jouir.
Déjà par la douleur il se sent affaiblir.
Son corps tremble et frémit; sa force chancelante
Se refuse à ses vœux, et trompe son attente.
Vers les murs de Solime il se traîne à pas lents;
Mais bientôt il s'arrête, et ses pieds languissans
Ne peuvent soutenir cette route cruelle;
Il tombe appesanti, non loin de l'Infidèle;
Et dans ce triste état on ne peut sans erreur
Du malheureux vaincu distinguer le vainqueur.

Cependant des Chrétiens la troupe forcenée
Se livrait aux transports d'une rage effrénée.
Qui peindrait ces tableaux? Quelle langue jamais
Pourrait à l'univers raconter leurs forfaits?

CHANT XIX.

Tout regorge de sang, tout est plein de carnage.
Sion abandonnée aux horreurs du pillage,
Ses pâles habitans de terreur éperdus,
Des morts et des mourans mêlés et confondus,
Les cris du désespoir.... les voûtes embrasées
Couvrant de leurs débris les femmes écrasées,
Le soldat furieux et chargé de butin,
Sur des monceaux fumans, un poignard à la main,
Arrachant aux vaincus leurs dépouilles sanglantes,
Les enfans étouffés et les vierges tremblantes,
L'œil morne, le teint have, et les cheveux épars,
Sur des corps entassés fuyant de toutes parts....
Déplorable cité ! La foudre vengeresse
Serpente dans ton sein, et comble ta détresse.
Le Dieu que tu bravas a permis ces fureurs,
Et tu vas expier tes coupables erreurs.

Du côté du Couchant, un héros tutélaire,
L'indomptable Renaud, tout souillé de poussière,
Par de secrets détours précipite ses pas,
S'enivre de carnage, et sème le trépas.
La terreur le devance, et la foule timide
Se dérobe à ses traits d'une course rapide.

Il arrive à ce temple, où le roi des Hébreux
Epuisa les secrets d'un luxe fastueux.

Aujourd'hui dépouillé de sa splendeur sacrée,
De formidables tours en protègent l'entrée.
C'est là que les païens, dispersés et craintifs,
Ont enfin rassemblé leurs grouppes fugitifs.

Renaud en voit l'accès défendu par cent portes,
Et le faîte couvert de nombreuses cohortes.
Deux fois d'un pas rapide il en suit le contour :
Tel on voit quelquefois sur le déclin du jour
L'ennemi des troupeaux quittant les forêts sombres,
Errer près du bercail à la faveur des ombres.

Tel Renaud.... La fureur égare ses esprits.
Il regarde. Non loin de ces vastes pourpris,
Une énorme solive à ses yeux se présente ;
Soudain il la saisit, et d'une main puissante
Pour laquelle son poids n'est qu'un fardeau léger,
Il en frappe l'airain.... Habile à se venger,
Les métaux les plus durs cèdent à ses atteintes,
Le temple retentit de sanglots et de plaintes.
Par ses coups triomphans les clous sont détachés,
Le fer cède et mollit, les gonds sont arrachés.
Il entre.... Je frémis ; mes crayons trop vulgaires
Ne peuvent retracer ses exploits sanguinaires.
Un torrent de Chrétiens seconde son courroux ;
L'Infidèle tremblant expire sous leurs coups.

CHANT XIX.

Cet asyle sacré n'est qu'un affreux théâtre,
Où la Parque moissonne une secte idolâtre.
O céleste justice ! ô décrets éternels !
Vous domptâtes l'orgueil de ces peuples cruels ;
Ils baignent de leur sang cette enceinte adorée,
Que jadis Salomon vous avait consacrée.
Cependant Soliman s'avance vers la tour ;
Il y pénètre enfin par un secret détour.
Quelques guerriers épars, sa ressource dernière,
Suivent en soupirant ses pas et sa bannière.
Il rencontre Aladin.... « Monarque généreux,
» Tu pourras échapper à ces brigands heureux ;
» Va, je te reste encor. Désormais plus tranquille,
» Compte sur mon épée, et gagne cet asyle.

» Hélas ! dit le vieillard, tout est fini pour moi ;
» L'abîme est sous mes pieds, et je n'ai plus que toi.
» Où fuir ? où me cacher ?.... le péril m'environne ;
» La foudre sur mon front a brisé la couronne.
» Le destin me poursuit. J'ai vécu, j'ai régné,
» Naguère sur le trône, aujourd'hui dédaigné ;
» Nourrissant, mais en vain, l'espoir de la vengeance,
» Le trépas va finir ma pénible existence.
» Pourquoi servir encor d'opprobre à l'univers !
» Un roi sans diadème est un roi dans les fers.
» A la face des dieux irai-je, en vil esclave,
» Mendier la pitié d'un peuple qui me brave ?

» —Tu cèdes au malheur !.. Est-ce un roi que j'entends !
» Aladin concevrait de pareils sentimens !
» Eh quoi ! par les revers ton ame intimidée
» S'abandonne aux ennuis dont elle est obsédée !
» La vie est-elle un bien qu'il faille regretter,
» Et doit-on s'avilir jusqu'à la racheter ?
» Si la fatalité t'arrache la victoire,
» De tes premiers exploits ne démens point la gloire.
» Que le sort à son gré détruise nos états ;
» Qu'il termine les jours de nos lâches soldats ;
» O Mars ! dieu protecteur, si ton bras m'abandonne,
» Je soutiendrai moi seul les droits de ma couronne.
» Je me ris de tes traits, je brave ta fureur,
» Contre tant de dangers il me reste mon cœur ».

Il se tait. Aladin, à ses conseils docile,
Modère dans la tour une frayeur servile.
L'intrépide Sultan repousse les Chrétiens.
L'audacieux Raymond paraît, suivi des siens,
Et loin de consulter la faiblesse de l'âge,
Il vole le premier au terrible passage.
L'Infidèle l'abat. Le héros imprudent
Tombe aux pieds du vainqueur privé de sentiment.
« Amis, dit Soliman, saisissez ma victime ;
» Vous voyez si le ciel prend le parti du crime » !
Les Latins à ces mots s'ébranlent furieux ;
Soliman les repousse, et ce jour glorieux

CHANT XIX.

Eût peut-être trahi l'adresse et le courage,
Pour protéger le crime, et la haine et la rage,
Si Renaud et Bouillon, suivis de leurs soldats,
N'eussent changé soudain la face des combats.
A leur marche, à leurs cris, le fier Sultan s'arrête;
Il sauve ses guerriers du choc de la tempête;
Et rentrant dans la tour, il attend avec eux
Que le sort lui prépare un instant plus heureux.

Ainsi durant l'été, quand d'immenses nuages
Versent du haut des airs la foudre et les orages,
Le berger attentif, dans les prochains hameaux,
D'un pas précipité ramène ses troupeaux;
Sa houlette et sa voix gourmandent leur paresse,
Et toujours derrière eux, il les suit et les presse.

Mais Renaud veut forcer ce dernier boulevard;
A des exploits obscurs son cœur n'a point de part.
Des jours de Soliman il veut briser la trame;
L'ombre de Suénon l'exige et la réclame.
L'horizon cependant, ceint d'un voile plombé,
Se teignait des rayons du croissant de Phébé:
Godefroi vient alors mettre un terme aux alarmes.

« L'Eternel, leur dit-il, a protégé nos armes;
» L'Infidèle est vaincu; mais sauvons ces héros
» Dont le sang répandu couronne nos travaux.

» Quelques brigands encor, dans cette tour obscure
» Méditent des complots dont frémit la nature;
» Demain nous en pourrons prévenir les effets.
» Cependant arrêtons le cours de ces forfaits
» Qui des vengeurs du Christ ont souillé la victoire:
» L'avarice flétrit les palmes de la gloire.
» Je le veux; respectez les ordres de Bouillon ».
Il dit; et joint la tente où repose Raymond.

Aux coups de la disgrace opposant son égide,
Par les mêmes discours le Sultan intrépide
Rassure ses soldats, et cache la douleur
Du dard envenimé qui roule dans son cœur.
« Rions, braves guerriers, de ce succès frivole;
» Quand on croit l'arrêter, la fortune s'envole.
» De ses vaines faveurs, les Chrétiens enivrés,
» Ne dispensent des lois qu'à des murs délabrés;
» Ils tiennent dans leurs fers la vile populace,
» Mais nous vivons encore avec la même audace;
» Mais Solime subsiste. Elle est dans votre roi,
» Dans votre ame, en vos mains, dans l'espoir, et dans moi.
» Qu'un peuple sacrilège au gré de sa furie,
» Désole, s'il le veut, notre triste patrie;
» Qu'importe? enorgueillis par la prospérité,
» Séduits par le pillage et par la volupté,
» Eux-mêmes vont se nuire, et leur chûte s'apprête.
» Sur ces débris sanglans, ivres de leur conquête,

CHANT XIX.

» Usés par la débauche et leurs propres forfaits,
» Ces insensés vainqueurs tomberont sous nos traits.
» Oui, j'en ai pour garant la foi que m'a jurée
» L'auguste souverain d'une vaste contrée;
» Le Calife en un mot abandonnant Memphis,
» Mène à notre secours ses guerriers réunis ».

VAFRIN errait alors parmi les Infidèles;
Il allait épier leurs démarches nouvelles.
Sans guide, et revêtu d'un habit étranger,
Dans de vastes déserts il osa s'engager.
Déjà sur un char d'or le char de la lumière
Mesurait la moitié de sa longue carrière,
Quand le camp ennemi s'offrit à ses regards.

IL voit mille drapeaux flotter de toutes parts;
Des clairons, des tambours, mille instrumens barbares
Fatiguent les échos de leurs accords bizarres.
Sans chercher de détours, ni de secrets sentiers,
Il entre hardiment au milieu des guerriers;
Ses accens, son sang-froid, et sa noble assurance,
Eteignent le soupçon, et trompent la prudence.

IL marche... Rien n'échappe à son œil curieux.
Enfin, portant plus loin son espoir et ses vœux,
Il forme le projet de percer les mystères
Et les desseins cachés des troupes étrangères.

A la finesse il joint le plus hardi maintien,
Il fait des questions, il parle d'Emiren.
Vers sa tente bientôt il se fraie un passage,
Et par une ouverture il entend son langage ;
Il promène au-dedans un œil audacieux....

Emiren, revêtu d'un manteau radieux,
Paraissait écouter un Sarrazin farouche;
Le nom de Godefroi s'échappait de sa bouche.
Vafrin prête l'oreille.... « Eh quoi ! dit Emiren,
» Tu promets d'immoler ce barbare Chrétien ?
» — J'en atteste des dieux la puissance immortelle,
» A la loi du serment Ormond sera fidèle ;
» Je jure de plonger un poignard dans son sein,
» Et de ne revenir que sa tête à la main.
» Pour immortaliser une telle victoire,
» Qu'un trophée en conserve à jamais la mémoire,
» Et que ces mots gravés sur nos sacrés remparts,
» Apprennent si mon bras sut braver les hasards.

« D'un brigand odieux arrêtant la furie,
« Ormond par son trépas a vengé sa patrie;
« Il borna dans leur cours ses criminels exploits,
« Conserva de son maître et l'empire et les droits,
« Et purgeant l'univers d'un monstre sanguinaire
« Assura le repos et le bonheur du Caire.

CHANT XIX.

» — A ce rare service on doit un autre prix ;
» Compte sur les bienfaits du roi que tu chéris.
» Le combat n'est pas loin.... Toi, pèse avec adresse
» Les moyens les plus sûrs de remplir ta promesse ».

Il se tait.... Pénétré d'une secrète horreur,
Vafrin de ce complot sonde la profondeur ;
Il frémit du danger.... Son ame épouvantée,
Est de mille soupçons tour à tour agitée ;
Il erre dans le camp, confus, désespéré....

Enfin il apperçoit un pavillon doré.
Armide sous son ombre, et la tête baissée,
Paraissait s'abimer dans sa triste pensée.
La pâleur sur le front, le cœur gros de soupirs,
Elle voudrait cacher ses mortels déplaisirs ;
Inutiles efforts, et de ses yeux humides
S'échappent lentement quelques perles liquides.
Adraste la dévore.... Ivre de tant d'attraits,
Il attache sur eux des regards inquiets.
Immobile, sans voix, et respirant à peine,
Il cède en soupirant au charme qui l'entraine.
Brûlant tout à la fois, et de rage et d'amour,
Tissapherne auprès d'eux les fixe tour à tour.
Altamore, plus loin, dans un morne silence,
De ses feux concentrés nourrit la violence ;

Et son œil plus discret erre avec volupté
Sur les divers appas de la jeune beauté.
Il s'arrête, tantôt sur sa bouche de rose
Que le zéphyr caresse et tient à demi close,
Tantôt sur son beau sein, ou sur ses blonds cheveux
Dont le souffle des vents fait voltiger les nœuds.

Armide chasse enfin cet importun nuage,
Et la sérénité renaît sur son visage.
Un sourire céleste, aussi prompt que l'éclair
Qui perce dans la nuit les voûtes de l'Ether,
Redonne à tous les cœurs l'espérance et la vie.

« Invincibles guerriers ! mon attente est remplie ;
» Je connois vos vertus, et sais que votre bras
» Surmonte sans effort le danger des combats.
» Un espoir séducteur me réchauffe et m'élève ;
» Sous le poids des revers mon ame se soulève.
» Toi, sur-tout, grand Adraste, ah ! qu'il me sera doux
» De te voir satisfaire à mon juste courroux !

» — Madame, calmez-vous ; sûre de ma promesse,
» Pourquoi nourrir encor cette sombre tristesse ?
» La mort de l'ennemi qui fait couler vos pleurs,
» Mettra bientôt un terme à ces vives douleurs.
» J'en ai fait le serment.... et je vous jure encore
» De déchirer le flanc du Chrétien que j'abhorre,

CHANT XIX.

» Et de vous apporter son cœur ensanglanté
» Comme un gage certain de ma fidélité ».

Tisapherne, à ces mots, enflammé de colère,
Mesure en frémissant cet illustre adversaire.
La princesse prévient ses transports furieux.
« Et toi, Seigneur ?... — Et moi, de ce vainqueur fameux
» Qui s'engage à finir le cours de vos disgraces,
» Je suivrai.... mais de loin, les glorieuses traces.
» Oui, répond l'Indien, éloigné du danger,
» C'est à moi qu'il remet le soin de vous venger.
» Lâche, dit le guerrier, depuis quand, à quel titre
» Te fais-tu de ma gloire, et le maître et l'arbitre?
» Ah! s'il m'était permis d'écouter ma fureur,
» On verrait qui de nous mérite cet honneur.
» Barbare! je ne crains ni ta vaine promesse,
» Ni d'un discours hardi l'inflexible rudesse;
» Je ne crains que le ciel et mon funeste amour ».
Le farouche Indien lui répond à son tour;
Ils allaient s'attaquer.... Armide les arrête.

« Vos outrages, amis, retombent sur ma tête.
» Vous qui devez punir le brigand que je hais,
» Voulez-vous me ravir vos augustes bienfaits?
» Les nœuds de la vertu forment notre alliance;
» Cessez, et retenez un courroux qui m'offense ».

Elle dit, et se tait.... Les rivaux enchaînés,
Sous son joug orgueilleux fléchissent consternés.

Vafrin cherche par-tout des lumières nouvelles,
Erre de toutes parts, flatte les Infidèles,
Parle de Godefroi, de l'orgueil des Chrétiens,
Et de ce noir complot recherche les liens.
Vains efforts. A ses vœux le sort inexorable
Cache de ce projet la trame épouvantable.
Inquiet, incertain, il porte ailleurs ses pas,
Et revient à la tente, où parmi ses soldats,
Armide s'enivrait d'une douce espérance.
Il se mêle avec eux, parle avec assurance,
Et joint avec respect une jeune beauté.

« Je voudrais, lui dit-il, pouvoir de mon côté
» M'unir à ces héros, signaler mon adresse,
» Et servir dignement la charmante princesse.
» A mon zèle, à mon bras on peut se confier.
» Honorez-moi du nom de votre chevalier,
» Et j'espère bientôt vous offrir pour hommage
» La tête d'un brigand, victime de ma rage ».

L'inconnue, à ces mots le fixe en souriant.
« O généreux guerrier ! Je reçois ton serment.
» Puissé-je mériter que notre saint Prophète
» Exauce mes souhaits et veille sur ta tête !

CHANT XIX.

» Mais je veux avec toi converser à l'écart.
» D'un important secret je vais te faire part ».

Ils s'éloignent tous deux.... « Il faut me satisfaire:
« De ton déguisement j'ai percé le mystère.
» Rassure-toi, Vafrin ; j'estime tes vertus ;
» Envisage ces traits qui te furent connus ».
Il se trouble et pâlit.... « O divine inconnue !
» Mes yeux, je l'avoûrai, ne vous ont jamais vue :
» Cependant il suffit d'entrevoir tant d'attraits,
» Pour que leur souvenir ne s'efface jamais.
» Vafrin n'est point mon nom. Dans les murs de Bysance
» Du brave Rosemond je reçus la naissance.
» On m'appelle Almanzor. — Penses-tu me tromper ?
» Dans ces nombreux détours, pourquoi t'envelopper?
» Ne crains rien.... Ah ! pour toi je donnerais ma vie.
» Ouvre les yeux, ami, reconnais Herminie,
» L'esclave de Tancrède, et ton maître et le mien.
» Tu fus pendant long-temps mon unique soutien.
» Tu soulageas mes maux, et ta main généreuse
» Sut tarir de mes pleurs la source douloureuse.
» Je jure par les feux de l'astre bienfaiteur,
» D'acquitter envers toi les dettes de mon cœur.
» Que dis-je ! infortunée !....Eh! dans ce moment même
» J'ose attendre en tremblant une faveur suprême.
» J'implore ta pitié.... Rends-moi mes premiers fers...
» O Vafrin ! je sens trop combien ils m'étaient chers.

» Hélas ! quoiqu'en ces lieux traitée en souveraine,
» Je gémis tous les jours, et regrette ma chaîne.
» Si tu viens, épiant nos cruels ennemis,
» Remplir les soins sacrés qui te furent commis,
» Rends graces au destin ; de leur complot infâme
» Moi seule je pourrai te dévoiler la trame ».

Elle dit.... L'écuyer inquiet et rêveur,
Qui se rappelle Armide et toute sa noirceur,
Craint qu'un piége nouveau n'égare sa prudence.
Une femme est perfide, et masque avec aisance
Des projets criminels, préparés avec art,
Que sa bouche déguise et présente sans fard :
Insensé qui s'endort sur sa vaine promesse.
« Madame, lui dit-il, excusez ma faiblesse.
» J'ai douté, je l'avoue, et mon cœur s'en repent ;
» Mais partons.... Profitons d'un précieux instant.
» Je guiderai vos pas, si vous daignez me suivre ».
Aux charmes de l'espoir la princesse se livre.
Ils fixent le départ, et bientôt réunis,
Tous deux sur des coursiers quittent leurs ennemis.

Quand ils sont arrivés dans un lieu solitaire,
« Quel est, lui dit Vafrin, cet étonnant mystère
» Qui menace les jours du plus grand des héros ?
» — Huit guerriers ont tramé ces horribles complots ;

CHANT XIX.

» Ils doivent attaquer ce prince magnanime
» Le jour qui les verra sous les murs de Solime.
» Déguisés en Français ils perceront ses flancs
» D'un dard teint dans le suc des poisons dévorans.
» Moi-même j'ai servi leurs projets exécrables.
» Ces mains, ces tristes mains, encore plus coupables,
» Ont de leurs vêtemens dessiné les contours....
» Le ciel de mes forfaits vient suspendre le cours.
» Je fuis ces lieux impurs, ces tyrans que j'abhorre.
» L'avoûrai-je, Vafrin ? D'autres motifs encore »....

A ces mots, sur son front une vive rougeur
Se déploie et trahit le secret de son cœur.
Elle baisse les yeux.... « Quoi ! se peut-il, madame,
» Que vous me dérobiez le trouble de votre ame ?
» Vous estimez Vafrin.... Cependant, je le vois,
» Après tant de sermens vous doutez de sa foi.
» Au nom de l'amitié que vous m'avez permise,
» Daignez à mes desirs répondre avec franchise.

Un soupir étouffé s'échappe de son sein.
« Tu le veux ?... A regret je cède à mon destin.
» Impuissante pudeur, je brise tes entraves;
» Ta crainte, tes remords ne font que des esclaves.
» Aussi-bien, dès long-temps indocile à ta loi,
» J'ai rompli les liens qui m'unissaient à toi.

» Et pourquoi sous tes feux t'efforces-tu d'éteindre
» Ceux qu'il ne m'est permis de calmer ni de feindre ?
» Autrefois je te dus ces frivoles égards ;
» Aujourd'hui, malgré moi, victime des hasards,
» Errante, fugitive, et par-tout méprisée,
» Puis-je joindre les nœuds d'une chaîne brisée !

» Vafrin, il te souvient de cette nuit d'horreur,
» Où le sort rigoureux commença mon malheur ;
» Rappelle-toi ces feux, ces voûtes embrasées,
» Sous des corps palpitans mes femmes écrasées,
» Mon palais saccagé, le désespoir, les cris
» Et la terreur volant sous ces vastes lambris.
» Songe, songe à mon père entouré de carnage,
» Traîné dans la poussière au déclin de son âge,
» A ses cheveux blanchis, à ses derniers accens ;
» Peins-toi, si le tu peux, mes sujets pâlissans,
» Fugitifs, dispersés dans nos saintes mosquées,
» Nos sourdes déités vainement invoquées,
» Et le lâche Chrétien, sur des monceaux de morts,
» Insultant à ma haine et pillant mes trésors....
» Dieux ! que ce souvenir trop présent à ma vue,
» Redouble les tourmens de mon ame éperdue !....
» Ce n'est pas tout, hélas ! les célestes fureurs
» Me réservaient encor à ces nouveaux malheurs.
» Sur les débris fumans de ma patrie en cendre,

CHANT XIX.

» D'un sentiment fatal je ne puis me défendre;
» Et perdant à jamais mon cœur et ma raison,
» D'un tyranique amour j'avalai le poison.

» Je sortis du palais, abattue, égarée,
» De rage et de terreur tour à tour dévorée;
» Tancrède en ce moment se présente à mes yeux,
» Je me jette à ses pieds : O vainqueur généreux !
» Lui dis-je, par égard arrache-moi la vie;
» Tu le dois.... Mais au moins que la triste Herminie
» Emportant au tombeau l'honneur et sa vertu,
» Expire sans regret sous son trône abattu.
» De ses yeux attendris je vis couler des larmes;
» Il semblait partager mes touchantes alarmes;
» Et de ce ton charmant, qui n'appartient qu'à lui....
» Princesse, me dit-il, je serai votre appui;
» Vous ne rougirez point de votre confiance :
» La vertu quelquefois du crime a l'apparence.
» Je sentis à ces mots un baume bienfaisant,
» Circuler à longs traits dans mon cœur gémissant;
» Je brûlai, je transis. Une flamme soudaine
» Dans mon corps ranimé coula de veine en veine.
» Tancrède cependant consolait mes ennuis;
» Par ses soins assidus mes pleurs furent taris.
» Un jour enfin, un jour.... O charmante princesse !
» Il est temps, me dit-il, d'acquitter ma promesse.

» Soyez libre, partez ; et puissent les destins
» Par de nouveaux bienfaits adoucir vos chagrins.
» Ils sont affreux, sans doute.... Aisément je l'avoue.
» Mais des vœux des mortels la fortune se joue.
» Le cruel ! en feignant de me rendre à l'espoir,
» Usurpa sur mes sens un absolu pouvoir.
» Il me combla de biens et de richesses vaines ;
» Il voulut m'affranchir, et me chargea de chaînes.

» Que l'amour a de peine à cacher ses transports !
» Je voulais les combattre.... Inutiles efforts.
» Souvent je te parlais des vertus de ton maître ;
» Mais ce feu, que mon cœur n'osait faire paraître,
» Eclatait dans mes yeux, perçait dans mes discours.
» Et triomphait, hélas ! de ces faibles détours.
» Princesse, disais-tu, quelque flamme secrète
» Vous prive du repos, et vous rend inquiète ;
» Votre teint a perdu son brillant coloris,
» Une tendre pâleur en efface les lis :
» Vous aimez.... Je voulais, égarant ton adresse,
» Sur mes premiers malheurs rejeter ma tristesse ;
» Mes soupirs étouffés, mes regards, tout enfin,
» Te confirmaient l'ardeur qui dévorait mon sein.

» Pourquoi cherchais-je alors, dans la nuit du silence,
» A calmer de mes maux l'active violence,

CHANT XIX.

» Puisqu'un jour je devais rompre inutilement
» Le frein qui s'opposait à mon égarement ?

» Je partis, emportant dans mon ame égarée,
» Les remords et le trait qui l'avaient déchirée.
» Je mourais... Quand l'Amour, touché de ma douleur,
» Etouffa dans mon sein les cris de la pudeur.
» Lui seul put m'aveugler. Au centre de l'Asie
» Il m'entraîna mourante et de crainte saisie.
» J'aurais vu mon vainqueur : sensible et généreux
» Il aurait appaisé mes tourmens rigoureux.
» Hélas ! de vos Chrétiens une horde homicide
» Epouvanta dans l'ombre une femme timide.
» Vers des lieux écartés précipitant mes pas,
» Je sus me dérober aux flèches du trépas.
» Là, seule, sans secours, sous un toit solitaire,
» Je guidai les troupeaux et vécus en bergère,
» Nourrissant malgré moi ce feu qui m'embrasa.
» Bientôt quelques soldats m'amènent à Gaza.
» Emiren, de ma bouche apprit ma destinée,
» Il plaignit ma jeunesse aux larmes condamnée,
» Me plaça près d'Armide, et son humanité
» Adoucit les horreurs de ma captivité.

» Voila, mon cher Vafrin, ma déplorable histoire,
» Et Tancrède est toujours présent à ma mémoire.

» O toi ! qui me chargeas de ces cruels liens,
» Ne me repousse pas loin du camp des Chrétiens !
» Ne me dis pas, du moins: *Esclave vagabonde*,
» *Va, cours cacher ta honte aux limites du monde*.....
» Pardonne au désespoir qui trouble ma raison ;
» Accepte mon retour.... et rends-moi ma prison ».

Las de traîner le char qui répand la lumière,
Les coursiers du Soleil, au bout de leur carrière,
D'un or pâle et mourant rougissaient l'horizon ;
Herminie et Vafrin s'avancent vers Sion.
A leurs regards, frappés d'une terreur soudaine,
S'offrent deux chevaliers étendus sur l'arène.
Glacé par le trépas, mais toujours furieux,
L'un semble menacer les hommes et les dieux ;
On dirait, à ses traits, à son aspect farouche,
Que le blasphême encor s'échappe de sa bouche.
L'autre, le front voilé par un nuage épais,
D'un sommeil bienfaiteur semble goûter la paix.
Vafrin s'approche ; ô dieux ! ô mortelles alarmes !
Du héros expirant il reconnaît les armes :
Tremblant, il l'envisage, il tombe à ses genoux :
« Infortuné Tancrède ! ô mon maître, est-ce vous » ?
D'Herminie à ce nom le tendre cœur palpite ;
Elle ne descend pas, elle se précipite.
Hélas ! quand elle a vu ce visage charmant,
Autrefois si vermeil, et pâle en ce moment,

CHANT XIX.

Sous la faux du trépas perdre ses premiers charmes,
Ses yeux, ses tristes yeux s'éteignent dans les larmes.
D'une secrète horreur tous ses sens sont frappés,
Et sa douleur s'exhale en mots entrecoupés.

« Où suis-je !... où m'a conduit ma triste destinée ?
» Je n'étais pas encore assez infortunée !
» O pénibles tourmens ! ô regrets superflus !
» Je te revois, Tancrède, et tu ne me vois plus.
» Cher amant ! reconnais ta fidelle Herminie ;
» O moitié de mon cœur !... c'est ton unique amie.
» Quel barbare, quel tigre a terminé tes jours !
» Je te retrouve enfin, et te perds pour toujours.
» Devais-je croire, hélas ! qu'une si chère vue
» Portât le dernier coup à mon ame éperdue.
» Eh quoi ! je te rejoins, et des tourmens affreux
» Viennent empoisonner le plus cher de mes vœux.
» Réveille-toi, Tancrède.... Eh ! que dis-je, insensée ?
» Par un charme fatal je suis trop abusée.
» Le voilà ce héros par le ciel abattu,
» Il protège le crime, et trahit la vertu.

» Les voilà ces beaux yeux, dont la brûlante flamme
» Portait le sentiment dans le fond de mon ame ;
» Ces yeux, tout à la fois si doux et si cruels,
» Et chargés aujourd'hui de pavots éternels.

» Quelle main a flétri ses roses animées,
» Qui sur son front d'albâtre étaient jadis semées?
» Mais quoi! pâle et couvert des voiles du trépas,
» Ton aspect pour ma vue a les mêmes appas.
» Pardonne à mes transports, ombre toujours chérie!
» Si les cris languissans de la tendre Herminie
» Pouvaient te réveiller dans ton dernier séjour,
» De mon audace, hélas! n'accuse que l'amour.
» Pourquoi me faire encor de nouvelles contraintes?
» Oui, j'oserai cueillir sur ses lèvres éteintes
» Des baisers que l'amour dans ses rêves trompeurs,
» Osait me réserver comme un prix de mes pleurs.

» Oui, je veux, en dépit du destin que j'abhorre,
» Leur rendre la chaleur du feu qui me dévore.
» Bouche, qui tant de fois soulageas mes ennuis,
» Tandis que sans parens, sans trône et sans appuis,
» Je traînais dans les fers ma déplorable vie,
» Permets ce doux larcin à ma bouche hardie;
» Que mon cœur palpitant serré contre le tien,
» S'unisse au moins à lui par un étroit lien.

» Mais tu ne m'entends plus..... O céleste justice!
» Faut-il plier sans cesse au gré de ton caprice?
» Chimériques soutiens de ce triste univers,
» Comblez, il en est temps, l'horreur de mes revers.

CHANT XIX.

» Me refuserez-vous la grace que j'implore ?
» Vous pouvez tout, dit-on.... et je respire encore !
» Rage, vœux impuissans d'un tyrannique amour,
» Laissez-moi respirer, ou privez-moi du jour.
» Où fuir?... par quels moyens échapper à moi-même !
» Je réclame en tremblant une faveur suprême ;
» Je desire la mort, je l'attends, je la veux,
» Et le destin est sourd à mes cris furieux » !

Elle dit. La fureur étouffe son langage,
Ses larmes de Tancrède inondent le visage ;
Il renaît lentement, pousse un profond soupir :
La princesse l'observe.... Un rayon de plaisir
Luit au fond de son cœur, et lui rend l'espérance....
« Dieux ! dont j'ai méconnu l'auguste bienfaisance,
» Je le vois.... vous plaignez les timides mortels....
» En sauvant ce héros méritez vos autels ».
Cependant l'écuyer détache son armure :
La princesse visite et sonde sa blessure.
Amour ! tu l'éclairas dans le choix des moyens !
De son voile léger composant des liens
Elle étanche son sang, et de sa main d'albâtre
Soigne avec volupté l'amant qu'elle idolâtre.
Dans ses sauvages lieux le dictame odorant
N'embaume point les airs d'un parfum bienfaisant.
Au défaut de ses sucs, dont le secours propice
Enchaîne la santé dans son frêle édifice,

Sa bouche a murmuré ces mots mystérieux,
Ces mots dont le pouvoir fut transmis par les dieux.
O bonheur ! Aux accens de leur douce magie,
Tancrède par degrés sort de sa léthargie,
Et, promenant par-tout un regard incertain,
Il hésite, il soupire, et reconnaît Vafrin.

« O mon fidèle ami ! quel destin favorable
» Me procure les soins de ta main secourable ?
» Depuis quand dans ces lieux ?... Et toi, jeune beauté,
» Qui joins à tant d'attraits la sainte humanité,
» Parle ; quel est ton nom ?... à qui dois-je la vie » ?
Il n'a point reconnu la sensible Herminie.
La princesse à ces mots le fixe en rougissant,
Et l'incarnat renaît sur son front pâlissant.
« Tu le sauras bientôt.... Mais sois en assurance ;
» Ton état, tes douleurs exigent le silence.
» Repose.... Je m'engage à conserver tes jours ;
» Heureuse que mon art en prolonge le cours » !
Elle dit, et soudain une secrète joie
Sur son front coloré s'étend et se déploie.

Déjà la sombre nuit embrassait l'univers,
Et ses voiles flottaient dans le vague des airs.
Des soldats du héros la troupe alors s'avance :
Dociles à sa voix, ils ont dans le silence

De ce combat fatal attendu le hasard ;
Mais leur zèle alarmé d'un aussi long retard,
Les ramène en ces lieux, et leur ame ravie
Bénit le juste ciel qui veilla sur sa vie.
Ils relèvent Tancrède, et dans leurs bras nerveux
Soutiennent mollement ce prince généreux.
« Quoi ! dit-il, mon rival privé de sépulture,
» Aux voraces corbeaux servirait de pâture !
» Il est mort en héros.... Payons à sa valeur
» Le tribut mérité d'un hommage flatteur ;
» Qu'on élève sa tombe, et qu'on rende à sa cendre
» Les suprêmes honneurs qu'elle est en droit d'attendre.
» Pour moi, je veux mourir dans le sein des remparts
» Où flottent aujourd'hui nos sacrés étendards.
» C'est de là que, quittant ma dépouille mortelle,
» Mon ame ira jouir d'une gloire éternelle.
» Trop heureux de revoir à mes derniers momens
» Ces lieux où m'appelaient mes augustes sermens ».

On le porte à Solime ; et sur un lit mobile
Il s'endort d'un sommeil aussi doux que tranquille.
Non loin de là Vafrin, dans des lieux plus secrets,
Dérobe la princesse aux regards indiscrets.
Lui-même il joint Bouillon. Son ame impatiente
Flottait entre l'espoir et l'horreur de l'attente.
On lisait sur son front les tourmens de l'ennui ;
Un cercle de guerriers était autour de lui.

Vafrin paraît.... Soudain on écoute en silence
Les mystères divers dont il a connaissance.

« Fidèle au noble soin que tu m'avais commis,
» J'ai pénétré, Seigneur, parmi nos ennemis ;
» Mon œil a vu de près leurs troupes innombrables ;
» Elles couvrent les monts, les plaines et les sables ;
» J'ai vu la terre au loin fournir aux bataillons
» Le crystal de ses eaux et l'or de ses moissons.
» Ils tarissent le cours des fleuves de Syrie,
» Et dévorent les bleds de leur riche patrie.
» Ne crois pas cependant avoir à redouter
» Les peuples différens qui viennent t'insulter ;
» Ils composent, sans ordre, un ramas inutile,
» A la voix de ses chefs dès long-temps indocile.
» On y compte pourtant quelques fameux guerriers,
» Qui pour suivre le Perse ont quitté leurs foyers.
» Le vaillant Emiren commande leur armée ;
» Emiren dont déjà la prompte renommée
« Sème dans l'univers le nom et les exploits.
» Le Calife en ses mains a remis tous ses droits.
» Encore un jour, Seigneur, et l'altière Solime
» Verra sous ses remparts ce héros magnanime.

» Songe, fils de Berthold, à défendre tes jours ;
» Une amante en furie implore le secours

CHANT XIX.

» De vingt brigands séduits par de feintes alarmes ;
» Ils n'ont pu résister au pouvoir de ses charmes.
» Elle promet sa main à celui dont le bras
» En te donnant la mort vengera ses appas.
» Parmi les conjurés on distingue Altamore,
» Adraste, dont l'empire avoisine l'aurore ;
» Adraste dont le bras, en cent lieux triomphant,
» Dirige et rend docile un énorme éléphant ;
» Tissapherne sur-tout, dont la valeur extrême
» Rehausse dignement l'éclat du diadême ».

Il dit. Renaud s'enflamme à l'aspect du danger ;
Déjà dans les combats il voudrait s'engager,
Et son cœur généreux lassé de se contraindre,
Brûle de tout oser quand il a tout à craindre.

« Bouillon, poursuit Vafrin, je frémis de parler ;
» Un secret plus affreux me reste à dévoiler.
» On a proscrit ta tête ; une secte inhumaine
» Aiguise contre toi les poignards de la haine ».
Il révèle à ces mots le complot odieux.
« Je reconnais ici la volonté des cieux,
» Dit le sage Raymond ; ils veillent sur ta vie :
» D'un ramas d'assassins il trahit la furie.
» Investissons la tour, et que nos ennemis
» Dans ses flancs ténébreux expirent réunis.

» Décide cependant si nous devons attendre
» Ou prévenir le chef qui songe à nous surprendre.
» Un objet important doit seul nous occuper;
» Le crime t'investit, songeons à le tromper.
» A ces piéges nouveaux opposons l'imposture;
» Fais changer à ta garde et d'habit et d'armure.
» En conservant tes jours, sauve ceux des Chrétiens.
» Crois ton fidèle ami.... — J'approuve tes moyens.
» Ta sagesse en tout temps me fut utile et chère:
» Nous irons affronter cette horde étrangère.
» Les vainqueurs de Sion, aguerris aux hasards,
» Dédaignent de combattre à l'abri des remparts.
» Le jour éclairera sa honteuse disgrace;
» Oui, nous allons montrer ce que peut notre audace.
» Nos armes, notre aspect, la justice du ciel,
» Tout hâtera la mort d'un peuple criminel.
» J'en ai le sûr garant, et mon cœur me l'annonce,
» Sa défaite est certaine, et le ciel la prononce;
» Lui-même par nos mains vengera l'univers ».

Cependant les oiseaux finissaient leurs concerts,
Et l'ombre du sommet des plus hautes collines
S'alongeait par degrés sur les plaines voisines.
Bouillon et ses guerriers, accablés de travaux,
Dans les bras du sommeil vont goûter le repos.

FIN DU CHANT DIX-NEUVIÈME.

LA JÉRUSALEM DÉLIVRÉE.

CHANT VINGTIÈME.

SOMMAIRE

DU CHANT VINGTIEME.

Les Egyptiens viennent au secours des assiégés. Harangues de Bouillon et d'Emiren à leurs armées. Le combat s'engage ; l'indomptable Renaud repousse les Infidèles et porte ses pas jusqu'aux lieux où, entourés de ses amans, Armide se livrait aux charmes de l'espoir. A l'aspect du héros, cette amante infortunée se réveille ; sa main tremblante lance des dards qui ne peuvent l'atteindre, ou meurent sur sa cuirasse. Renaud poursuit le cours de ses exploits, et immole Adraste et Tissapherne, deux des rois conjurés contre lui. Mort touchante de Gyldipe et d'Odoard. Renaud les venge. Il arrache la vie au fier Soliman, et son courage décide la victoire en faveur des Français. Armide désespérée, craignant de tomber dans les fers du vainqueur, prend la fuite et se rend dans un lieu solitaire. Elle s'apprête à terminer ses jours, quand soudain Renaud arrive et retient son bras. Ses larmes, son repentir rallument dans le cœur de la princesse une flamme mal éteinte ; elle oublie sa vengeance, et jure au héros une éternelle tendresse. Godefroi poursuit son triomphe. Le brave Emiren le défie et tombe sous ses coups. Le camp des Egyptiens devient alors le prix de ses conquêtes. Suivi de ses guerriers il entre dans le temple ; il y suspend ses armes, et prosterné sur la tombe sacrée, il acquitte enfin sa reconnaissance et ses vœux.

CHANT VINGTIÈME.

Le soleil parcourait les célestes demeures,
Et son char éclatant, attelé par les Heures,
Mesurait la moitié de son cours radieux.
Soudain l'air retentit de mille cris joyeux.
Du sommet de la tour, faible et dernier asyle,
L'Infidèle apperçoit sur la plaine mobile
Un nuage lointain qui voile l'horizon,
Et roule en flots poudreux vers les murs de Sion :
Bientôt il reconnaît la puissante bannière
Et les nombreux guerriers du monarque du Caire.
Aussi prompts que la foudre, ils volent aux combats,
Et la terre frémit sous leurs rapides pas.

Ainsi des vents du nord, quand la tourbe agitée
Verse tous ses glaçons sur la terre attristée,
Des bataillons d'oiseaux, ennemis des frimats,
Vont chercher la chaleur dans de nouveaux climats.
Ils quittent en chantant les rives de la Thrace :
Ainsi les assiégés recouvrent leur audace.
L'espérance renaît dans les cœurs abattus,
Et la gaîté tarit les larmes des vaincus.

La jeunesse s'émeut, et sent frémir ses armes.
La victoire à ses yeux brille de mille charmes :
Elle presse Bouillon de donner le signal ;
Mais rien ne peut fléchir le prudent Général.
Il diffère l'attaque, et, par sa résistance,
Des guerriers empressés réchauffe l'espérance.
« Modérez-vous, dit-il ; après tant de travaux,
» Amis, donnons du moins un seul jour au repos.
» Ce retard à vos cœurs sans doute doit déplaire,
» Mais l'intérêt exige un délai nécessaire.
» Vous combattrez demain... ». A ces mots, mille cris
Frappent au même instant les célestes lambris ;
L'intrépide soldat s'abandonne à la joie,
Son cœur impatient tressaille et se déploie.
L'un polit sa cuirasse et ses traits meurtriers ;
L'autre aiguise ses dards, et soigne ses coursiers.

L'AUBE blanchit déjà les rivages du Maure ;
Des éclairs ont jailli du palais de l'Aurore.
Jamais le dieu brillant que révère Délos,
A l'instant que son char sorti du sein des flots
Dispense à l'univers sa chaleur fortunée,
Ne vit de plus de feux sa tête couronnée ;
Jamais un vent plus pur ne rafraîchit les airs.
L'horizon est sans voile, et les monts découverts
Présentent aux regards leur orgueilleuse cime.
On dirait que le ciel, ennemi de Solime,

CHANT XX.

Se plaît à contempler les illustres exploits
Du peuple généreux qu'il chargea de ses droits.

Les Chrétiens aussi-tôt s'avancent dans la plaine ;
Ils étalent leurs rangs sur la mobile arène.
La tour est confiée aux soins du vieux Raymond ;
Près de lui sont placés les frères de Bouillon.
Ils guident les Chrétiens, qui, las de l'esclavage,
Aux vainqueurs des tyrans sont venus rendre hommage.
Bouillon s'avance seul. La jeunesse en sa fleur
Renaît sur son visage, où siége la grandeur ;
Sur son front ombragé des palmes de la gloire,
On lit en trait de feu l'espoir de la victoire.
Son port majestueux, son éclat, son maintien,
Tout annonce un héros, l'honneur du nom Chrétien.
Il forme dans la plaine un front large et terrible.
Sous lui sont les Lorrains, et l'élite invincible
Des guerriers dont la Seine, à longs flots argentés,
Fertilise les champs et baigne les cités.
Non loin de là Renaud aiguillonne le zèle,
Et partage l'ardeur de sa troupe immortelle.
Là, sont tous ces héros, ces foudres des combats,
Qui toujours d'un front calme ont bravé le trépas.
Sous les yeux de leur chef Godefroi les dispose.
« Amis, entre vos mains notre salut repose,
» Leur dit-il : c'est à vous que le sort désormais
» Remet le noble soin de servir nos projets.

» Fondez, il en est temps, sur ces vils Infidèles ».
Alors, sur un coursier qui semble avoir des ailes,
Il court de rang en rang, et porte la terreur.
Cependant il s'arrête ; et là, d'une hauteur,
Sa nerveuse éloquence enflamme le courage.
Tel, quand le doux printemps fait germer le feuillage,
Grossi par les frimats qui couronnaient les monts,
Un rapide torrent tombe dans les vallons ;
Tel Godefroi nourrit la chaleur qu'il réclame :
Dans l'ame des guerriers il fait passer son ame.

« Vainqueurs de l'univers, et fléaux des tyrans,
» Il fuit enfin ce jour desiré si long-temps.
» La fortune à vos traits présente les victimes,
» Elles vont à la fois expier tous les crimes.
» Le ciel, le juste ciel récompense vos soins....
» Mais de votre valeur je n'attendais pas moins.
» Craignez peu ce ramas de troupes étrangères ;
» Craignez peu ces brigands, dont les bras mercenaires
» Ne servent qu'à regret un barbare pouvoir,
» Et sont privés du feu qui les eût fait mouvoir.
» Esclaves d'un despoîte, instrumens de sa haine,
» A ses frêles drapeaux la frayeur les enchaîne ;
» Déjà le fer échappe à leurs tremblantes mains.
» Dans leurs nombreux détours, dans leurs pas incertains
» D'un triomphe nouveau je découvre le gage.
» Je vois le Dieu vivant couronner notre ouvrage.

CHANT XX.

» Ce guerrier, protégé par un rempart de fer,
» Dont la taille est si haute et le regard si fier ;
» Ce guerrier imprudent, que son orgueil égare,
» A peut-être vaincu quelque horde barbare.
» Mais au milieu du choc et du bruit des combats,
» Saura-t-il, dites-moi, rallier ses soldats ?
» Ils lui sont inconnus, et jamais à leur tête
» Il n'a des ennemis affronté la tempête.
» Moi, chef et compagnon d'un peuple de héros,
» J'ai toujours partagé leurs pénibles travaux.
» Réunis par les nœuds d'une amitié sincère,
» Vous voyez dans Bouillon moins un maître qu'un frère.
» N'ai-je pas commencé par être votre égal ?
» Si depuis, votre choix me nomma général,
» N'ai-je pas avec vous, de victoire en victoire,
» Bravé tous les périls qui précèdent la gloire ?
» Amis, qu'un plus beau feu vous anime en ce jour,
» Soyez de vos sermens dégagés sans retour.
» Combattez, triomphez, tranchez dans sa racine
» L'arbre dont les poisons rongent la Palestine.
» Pourquoi nous arrêter ? Le ciel conduit nos coups ;
» Je le lis dans vos yeux, la victoire est à nous ».

IL se tait à ces mots.... Un rayon de lumière
Perce du firmament la mobile barrière,
Voltige, et se courbant en anneau radieux,
Forme autour de sa tête un cercle lumineux.

Ainsi du haut du ciel l'éclair se précipite.
Telle encor, s'échappant de sa brillante orbite,
Une étoile se plonge au fond des flots amers,
Et dore d'un feu pur la surface des mers :
Peut-être, descendant des sphères azurées,
Un ange le couvrit de ses ailes pourprées.

Avec non moins d'ardeur, l'intrépide Emiren
Harangue son armée, et brave le Chrétien.
« Compagnons, leur dit-il, un peuple téméraire
» Ose attaquer vos dieux jusqu'en leur sanctuaire ;
» Il vient vous apporter ou des fers ou la mort.
» Pense-t-il commander aux caprices du sort ?
» Pense-t-il que pour lui, sa faveur plus constante
» Suive sans se lasser sa marche triomphante ?
» Notre ombre, nos seuls cris glaceront des soldats
» Que la soif du butin attache sur nos pas.
» Gardez-vous d'en douter.... Dans le sang des parjures
» Lavons, il en est temps, de mortelles injures.
» Que peuvent les périls quand les cœurs sont puissans !
» J'évoque la patrie.... écoutez ses accens....

» O généreux guerriers ! servez mon espérance,
» Justifiez mon choix par votre obéissance ;
» Méritez mon amour.... défendez à la fois
» Le sol qui vous vit naître, et vos antiques lois.

CHANT XX.

» Des homicides mains des troupes conjurées
» Arrachez, mes enfans, les vierges éplorées.
» Quoi donc ! à vos regards un peuple furieux
» Foulerait les tombeaux de vos braves aïeux !
» Sur vos autels brisés, ivre de sa conquête,
» Il viendrait insulter aux mânes du Prophète ?
» Il porterait la hache au sein de nos cités ;
» Il saperait des murs si long-temps redoutés ?....
» Non, non, sur vos vertus mon espoir se repose ;
» Et dussiez-vous périr en soutenant ma cause,
» Périssez.... S'il est beau de vivre dans mon sein,
» Il est beau de mourir les armes à la main,
» De céder à l'ardeur que ma voix vous inspire....
» Répondre à mes desirs, c'est doubler mon empire ;
» C'est prendre son essor vers l'immortalité,
» Et mériter l'encens de la postérité.

» Cependant le destin sourit à ma vengeance :
» Le front ceint de lauriers, la Victoire s'avance.
» Voyez autour de vous ces vieillards généreux
» Renaître dans des fils dignes d'un sang fameux ;
» Près du terme fatal qu'impose le nature,
» Ils n'ont pu se couvrir d'une pesante armure :
» Aujourd'hui dans vos mains ils remettent les droits
» Que leurs bras éprouvés soutinrent autrefois.
» Et vous, tendres époux, protecteurs de mes armes,
» De cent jeunes beautés allez sécher les larmes ;

» Voyez-les loin de vous, consumant leurs beaux jours,
» Sur ces lits, confidens de vos chastes amours.
» Osez tout espérer, et, sûrs de leur constance,
» Revenez satisfaire aux dettes de l'absence ».
La trompette, à ces mots, donne l'affreux signal.
Déjà des deux côtés règne un silence égal.
Les coursiers écumans bondissent sur l'arène,
De leurs guides divers ils partagent la haine,
Font lever sous leurs pieds des tourbillons poudreux,
Et leurs larges naseaux semblent vomir des feux.
D'un pesant javelot chaque main est armée :
La crainte dans les cœurs s'arrête renfermée.
Mille glaives en l'air brillent ensanglantés,
Et, plus prompts que les vents, mille coups sont portés.
Tout s'ébranle à la fois.... tout respire la rage....
Les dards volent.... Bellone appelle le carnage.
Les rangs sont confondus, et la faux du trépas
Moissonne des deux parts un essaim de soldats.
Qui frappa le premier ? Quelle main aguerrie
Dans un flanc criminel assouvit sa furie ?
O Gildippe ! les dieux jaloux de te servir,
Choisirent les lauriers que tu devais cueillir !
Ils livrent à ton bras un guerrier magnanime;
Le roi d'Ormus succombe, et devient ta victime.
Elle ne borne point le cours de ses exploits,
Et de son fer fumant encor du sang des rois,

CHANT XX.

Elle perce Alarcon, Bruner, Selim, Argée.
Dans les rangs ennemis l'Amazone engagée,
Promène sa fureur, et, sur des tas de morts,
Des Persans réunis brave tous les efforts.
Mais le nombre peut-être eût trahi son courage.
Odoard l'apperçoit.... il se fraie un passage....
Amour ! de ces époux tu réveilles l'ardeur !
Chacun d'eux, assuré de sa propre valeur,
Affronte sans pâlir le bruit de la tempête,
Et méprise les dards qui sifflent sur sa tête.

Ce n'est point pour ses jours que le tendre Odoard
Redoute les décrets de l'injuste hasard;
Il ne voit que Gildippe, et son ame égarée,
Ne songe qu'aux périls d'une épouse adorée;
Sous ses coups triomphans il renverse Arimond,
L'audacieux Alvante, et le grand Rosimond.
Gildippe le seconde, et déjà son épée.
Dans le sang ennemi s'est plusieurs fois trempée.
Antiope jamais n'eut autant de vigueur;
Jamais le Thermodon ne vit tant de fureur
Animer sur ses bords les chastes héroïnes
Qui souillèrent ses flots de sang et de ruines.

Cependant Assimir, protégé par le sort,
Sur les pâles Chrétiens faisait voler la mort.

Son coursier inondé d'une écume sanglante,
Partage son courroux, et sème l'épouvante :
Heureux qui peut céder à son destin fatal
Sans éprouver le choc du fougueux animal !
Evrard, Othon, Garnier, Palamède, Tidore,
Succombent sous les coups du superbe Altamore.
Ivre de ses succès, l'homicide guerrier
Plonge au cœur d'Ismenor son glaive meurtrier.

Que ne peut la valeur quand l'amour la commande !
L'Amazone apperçoit le roi de Samarcande.
Dans les rangs ennemis il portait le trépas.
Elle joint le héros, et brise en mille éclats
L'or et les diamans qui parent sa couronne.
A ce coup imprévu l'Infidèle frissonne....
Il chancèle un moment; mais, plus prompt que l'éclair,
Du sang de la princesse il abreuve son fer.
Son époux la soutient.... Soit hasard ou courage,
Altamore plus loin va déployer sa rage.
Tel le roi des forêts, maître de son courroux,
Dédaigne l'ennemi terrassé sous ses coups.

Cependant cet Ormond, dont la main mercenaire
Se dévoue aux horreurs d'un complot sanguinaire,
Ormond, suivi des siens, pénètre jusqu'aux lieux
Où Bouillon signalait son bras victorieux;

CHANT XX.

Tels au déclin du jour, quittant leur antre sombre,
Des loups, enveloppés du noir manteau de l'ombre,
Cherchent à pénétrer dans les prochains hameaux
Sous le masque trompeur des gardiens des troupeaux.

BOUILLON le reconnaît.... Ses yeux lancent la foudre;
Il marche à l'Infidèle, et l'étend sur la poudre.
Ses complices tremblans, déchirés par lambeaux,
Descendent à la fois dans la nuit des tombeaux;
Teint de ce sang impur il défie Altamore.
Tels les sables brûlans du rivage du Maure
Volent épars au gré des fougueux aquilons;
Tels des soldats chrétiens les nombreux bataillons
Se dispersent aux cris du farouche Infidèle;
Godefroi leur inspire une audace nouvelle.

MAIS la fortune encor déguisant son pouvoir,
Balance également et la crainte et l'espoir.
L'un ferme l'œil au jour, l'autre sur la poussière
Roule languissamment sa débile paupière.
L'Arabe avec le Grec expire confondu;
Près de son maître, ici le coursier étendu
Se débat sous le trait qui perce ses entrailles....
O fureurs! ô tourmens du démon des batailles!
Tout est jonché de morts, les sanglots et les cris
Fatiguent de leurs sons les célestes lambris;

Tout retentit de pleurs, de murmures, de plaintes,
L'or n'étincelle plus.... les couleurs sont éteintes;
L'acier perd son poli, les casques sont brisés,
Et tombent sur des tas de glaives émoussés.

Mais les noirs habitans des portes de l'Aurore,
Protégés par le sort, se défendent encore.
Soudain Renaud accourt.... Les rochers sulphureux
Que l'Hécla voit sortir de ses flancs ténébreux,
Les foudres que l'été rassemble sur nos têtes,
Les vents qui sur les mers, précurseurs des tempêtes,
Annoncent les destins de Neptune irrité,
Ont moins de violence et de rapidité.
Sa main se multiplie.... O chaste Mnémosine !
Allume dans mon cœur une flamme divine;
Transmets-moi de ses faits l'éclatant souvenir,
Que de leur nombre encor j'étonne l'avenir !

L'effroi qui sur ses pas vole et se précipite,
Des Persans consternés accélère la fuite.
Incertains, éperdus, courant de toutes parts,
Des corps de leurs amis ils se font des remparts.
De surprise et d'horreur leur phalange frappée,
Croit aux mains du héros voir une triple épée.
Telle, à nos yeux séduits, la langue du serpent
Roule, et semble darder un triple dard brûlant;
Enfin, rassasié de sang et de carnage,

CHANT XX.

Le vainqueur par degrés sent amollir sa rage.
Dédaignant d'attaquer de timides soldats,
Jusqu'aux tentes d'Armide il avance ses pas ;
Sur un char radieux elle s'était placée.
De guerriers et d'amans, une foule empressée
Veillait à sa défense, et le fer à la main,
A travers les périls lui traçait un chemin.

Ses yeux ont reconnu l'ingrat qui la méprise.
Elle porte à regret une vue indécise
Sur ce fatal objet et de haine et d'amour ;
Son teint se décolore et rougit tour-à-tour.
Mais Renaud, absorbé dans une autre pensée,
S'éloigne froidement d'une amante offensée.
Les rivaux conjurés s'attachent à ses pas ;
Leur lance est en arrêt, le glaive arme leurs bras.
Elle-même choisit une flèche acérée....
Le dépit va guider sa main désespérée,
Quand l'amour, de nouveau, combattant ses desseins,
Rallume tous les feux qu'elle croyait éteints.
L'arc se courbe trois fois.... trois fois il se redresse ;
Mais enfin le dépit surmonte la tendresse.
Dans les vagues de l'air le trait vole et s'enfuit ;
Mais plus prompt que les vents, le repentir le suit.

Tantôt l'amour aigrit le poison qui l'enflamme,
Et tantôt la fureur triomphe de son ame :

Elle desire.... tremble.... et, d'un œil incertain,
Voit le dard s'émousser sur un rempart d'airain.
Le héros est frappé. La flèche vacillante
Vient à peine effleurer sa cuirasse brillante;
Il s'éloigne et sourit. La reine de Damas
Lance des traits nouveaux qui ne l'atteignent pas.

La honte, le dépit, la crainte, la tendresse,
Se disputent le cœur de la jeune princesse;
Tel est donc le pouvoir d'un amour outragé:
Que serait-ce, grands dieux! s'il était partagé?
« Eh quoi! dit-elle alors, ce guerrier implacable
» Sera donc à nos coups sans cesse impénétrable?
» Le sort qui dans mes jeux se plaît à m'insulter,
» Sans doute le forma pour me persécuter.
» Sans armes, à ses pieds je me vois abattue;
» Les armes à la main je suis encor vaincue.
» Malheureuse!.... Le ciel s'oppose à ta fureur.
» Du marbre le plus dur il revêtit son cœur.
» Tout cède à son pouvoir.... Moi-même je l'admire.
» Sous les traits d'un mortel c'est un dieu qui respire.

» O charmes impuissans!... ô fatale beauté!
» Ce héros dans vos fers ne peut être arrêté.
» Les secrets de mon art, ma flamme, ma tristesse,
» Rien ne peut d'un ingrat réveiller la tendresse.

CHANT XX.

» Il me brave et me fuit. Déjà sous ses efforts
» Mes guerriers, du trépas foulent les sombres bords.
» Moi seule je survis à ma douleur amère;
» Mais dois-je attendre enfin qu'il comble ma misère;
» Que pour mieux couronner ses immortels exploits,
» Il attache à son char la fille de vingt rois ?
» Que, se jouant des pleurs d'une femme timide,
» Au nombre des vaincus il compte encore Armide ?...
» Ah ! fuyons.... » Altamore arrive à son secours.
Trop heureux en mourant, de défendre ses jours;
Il oublie, et sa gloire, et sa troupe éperdue,
Que Renaud et Bouillon dispersent à sa vue.
De la belle princesse il escorte les pas,
Et dans un lieu secret la dérobe aux combats.

Quitte envers son amour, il revole au carnage.
Le Sarrazin alors obtient quelque avantage;
Mais l'aveugle destin partageant ses succès,
Fait pencher la victoire en faveur des Français.
L'impétueux Bouillon redouble leur ivresse.
On se joint, on emploie et la force et l'adresse.
L'écho répond au bruit, aux longs cris des mourans;
Le sang rougit la plaine, et coule par torrens.

Au sommet de la tour, le fier roi de Nicée
Luttait contre les vœux de son ame empressée.

Eloigné du tumulte et du choc des hasards,
Il lançait sur le camp de sinistres regards.
Ces mouvemens confus ajoutent à sa rage :
Enfin le désespoir enflamme son courage.
Soudain il s'arme. « Allons, c'est trop long-temps souffrir,
« L'heure sonne.... partons : il faut vaincre ou mourir ».
Ardent, impétueux, quoique sans espérance,
De son dernier asyle, à ces mots il s'élance,
Oppose un front tranquille aux jeux cruels du sort,
Et présente aux Chrétiens et la foudre et la mort.

Ses soldats réchauffés du zèle qui l'anime,
Suivent sans hésiter ce prince magnanime.
Aladin même éprouve un reste de chaleur;
L'exemple général dissipe sa terreur,
Il se traîne à pas lents. Mais le roi de Nicée
Se jette dans les rangs, plus prompt que la pensée.
Jamais son bras ne porte un coup mal assuré.
Le faible Syrien s'enfuit désespéré.
Tout plie, et de Raymond la cohorte timide
Se disperse à l'aspect du Sultan homicide.
Le généreux vieillard reconnaît son vainqueur;
Il le voit, et sans crainte affronte sa fureur.

Pour la seconde fois, la faiblesse de l'âge
Engourdit tous ses sens, et trompe son courage.

CHANT XX.

Il retombe.... A l'instant ses fidèles amis
Autour de Soliman se pressent réunis;
Le barbare frémit, et loin de sa victime
Va porter de nouveau la rage qui l'anime.
Telles on nous dépeint les filles de la Mort,
De l'Erèbe et du Styx quittant le sombre bord,
Le front ceint de serpens, dont la langue écumante
Distille des poisons sur la terre fumante;
Tel l'odieux Sultan. Les Chrétiens poursuivis,
Poussent, à son aspect, de lamentables cris.

TANCRÈDE, en ce moment, sous un toit solitaire,
Se livrait aux douceurs d'un repos salutaire.
Il s'éveille à ce bruit, se lève en frémissant,
Et jette sur Solime un regard languissant.
Il apperçoit Raymond étendu sur l'arène,
Et ses lâches soldats dispersés dans la plaine:
Sa main saisit déjà le glaive meurtrier,
Et son bras se revêt d'un pesant bouclier;
Mais ne se couvrant point du reste de ses armes,
Faible encore il revient au milieu des alarmes.
« Où fuyez-vous, dit-il, misérables Latins!
» Vous livrez un héros aux fers des Sarrazins!
» Courez à ses enfans en porter la nouvelle:
» Dites-leur que le sort a trahi votre zèle;
» Que vous avez long-temps défendu ses vieux jours,
» Mais qu'à la fuite enfin, forcés d'avoir recours,

» Vous laissâtes ici, couché sur la poussière,
» Ce guerrier dont la mort a fermé la paupière.
» Il en est temps encor; par de nouveaux exploits
» Effacez votre honte, et recouvrez vos droits.

Il le couvre, à ces mots, d'un bouclier immense
Là viennent expirer tous les traits qu'on lui lance.
Sous son ombre, le Comte a repris sa vigueur;
L'espoir de la vengeance appaise sa douleur.
Il se lève, enflammé de honte et de colère,
Et cherche vainement son farouche adversaire.
Dans sa juste fureur, honteux d'être déçu,
Il lave dans le sang l'affront qu'il a reçu.
Le sort offre à ses yeux le tyran de Solime.
« Les justes dieux, dit-il, m'amènent la victime »!
A ces mots il le frappe, et déchirant l'airain,
Il plonge par vingt fois le glaive dans son sein.
Le monarque chancèle, il tombe, crie, expire.
Et mord, en sanglotant, le sol de son empire.
Privé d'un double appui, son peuple consterné
Résiste faiblement au Chrétien acharné;
Il vole dans la tour, sa dernière retraite;
Mais bientôt le vainqueur achève sa conquête:
Il entre.... Et sur les murs, le généreux Raymond
Arbore l'étendard des vengeurs de Sion.

Déjà loin des remparts, le Sultan implacable

CHANT XX.

Promène avec fureur son glaive insatiable ;
Il marche sur les corps dans la plaine étendus....
Sa présence ranime et soutient les vaincus :
Ainsi la foudre s'ouvre une prompte carrière,
Et trace dans les airs un sillon de lumière.
Que de guerriers, ô ciel ! sont tombés sous ses coups !
Arrête, Soliman... respecte deux époux ;
D'une vie aussi belle épargne au moins la trame....
Mais la pitié jamais n'habita dans ton ame.

Belle Gildippe, et vous, malheureux Odoard,
Vous qui du tendre amour suivîtes l'étendard,
Puisse ma faible main, retraçant votre histoire,
Graver vos noms chéris au temple de mémoire !
Puissé-je en vous chantant, de la postérité
Obtenir quelque jour un tribut mérité !
Vos vertus, vos exploits conservés d'âge en âge,
De l'obscur avenir perceront le nuage ;
Et plus d'une beauté, sensible à vos revers,
Des pleurs du sentiment arrosera ces vers.

Gildippe la première attaque le barbare.
La fortune d'abord pour elle se déclare ;
Du sang de l'Infidèle elle trempe l'airain ;
Mais le tigre sourit.... et d'un ton de dédain :
« Couple auguste et fameux, bénis la destinée
» Qui tresse avec plaisir ta chaîne fortunée....

» Téméraire ! plutôt redoute ma fureur ;
» Tu ne connais donc pas ce que peut la valeur » ?

Il dit ; et secouant sa lance meurtrière,
Il ose déchirer le sein de la guerrière ;
Ce sein que dans ses jeux un plus doux sentiment
Fit jadis palpiter sous les doigts d'un amant.
De son fougueux coursier les rênes voltigeantes
Echappent tout-à-coup à ses mains défaillantes.
Odoard l'apperçoit.... il vole.... Mais, hélas !
L'injuste sort trahit et sa flamme et son bras.
Soliman le défie, il insulte à sa haine,
Et s'applaudit du sang qui fume sur l'arène.
Que fera-t-il, grands dieux ! Incertain, éperdu,
Entre mille projets il flotte suspendu....
Mais Gildippe l'implore. Une pâleur touchante
A terni le corail de sa bouche expirante.
D'une main il soutient ce fardeau précieux,
Et de l'autre il menace un vainqueur odieux.

Le ciel, l'injuste ciel qui trompe sa vengeance,
Aux traits de Soliman le livre sans défense ;
Il est frappé.... Le fer qui lui perce le flanc,
Sur un objet chéri fait rejaillir son sang ;
Il tombe, et dans sa chûte entraîne son amante.
Ainsi, durant le cours de la saison brûlante,

CHANT XX.

L'orme déraciné roule, et traine après lui
Le lierre auquel son tronc servit long-temps d'appui.

Ainsi tombe Odoard.... Mais son ame céleste
Ne quitte point encor sa demeure funeste.
Il jette sur Gildippe un regard languissant,
Et dans ses faibles bras la presse en gémissant.
« O moitié de mon être! ô mon unique amie!
» A ma tendresse, hélas! le sort t'a donc ravie!
» Que je te dise au moins un éternel adieu....
» De ma constante flamme écoute encor l'aveu....
» Ah! loin de murmurer contre la destinée,
» Je bénis maintenant sa rigueur obstinée :
» Par des nœuds immortels elle unit deux époux;
» Oui, j'ose m'en flatter. Dans un séjour plus doux
» De vaines passions à jamais détachées,
» L'amour épurera nos ames rapprochées.
» Attends-moi.... le trépas ne peut nous désunir;
» Sur ton sein palpitant Odoard doit mourir,
» Et l'avide tombeau, pour t'avoir toute entière,
» Attendra que la mort ait fermé ma paupière ».
Il dit.... l'embrasse encor.... ferme son œil au jour,
Et son dernier soupir est un soupir d'amour.

Soudain la renommée embouchant sa trompette,
A semé dans le camp le bruit de leur défaite :

Renaud en est instruit par un sûr messager;
Tout allume en son sein l'ardeur de les venger.
Adraste en ce moment à ses yeux se présente;
« Les justes dieux enfin remplissent mon attente:
» Te voilà donc, Renaud! cent fois je t'ai cherché,
» Et parmi tes soldats cent fois tu t'es caché;
» J'espère que bientôt, acquittant ma promesse,
» Je porterai ta tête aux pieds de la princesse.
» Viens, ennemi d'Armide, avec son défenseur,
» Faire assaut de courage, ou plutôt de fureur ».

Il le frappe à ces mots.... Le fier Renaud chancèle;
Mais déjà reprenant une vigueur nouvelle,
Il lève son épée, et le rapide acier
Perce de part en part le féroce guerrier;
Il périt d'un seul coup, ce géant formidable,
Et son immense corps va mesurer le sable.
A cet horrible aspect Soliman étonné,
Pour la première fois de crainte a frissonné;
Une terreur secrète étouffe son audace:
Ce feu qui l'animait s'amortit et se glace.
Ce n'est plus un héros fameux par ses exploits,
Un Dieu même retient l'organe de sa voix;
Il veut combattre.... Il veut, si le destin contraire
L'abandonne au courroux de ce fier adversaire,
Conserver sa grandeur au-delà de la mort,
Et s'illustrer du moins par un dernier effort.

CHANT XX.

Renaud se précipite, et frappe le barbare.
Son ame en frémissant fuit au fond du Tartare.
Son sang coule à longs flots; mais du glaive et des yeux
Il semble menacer les hommes et les dieux;
Et son front pâlissant, où la vengeance est peinte,
Dans l'horreur du trépas inspire encor la crainte.
Tu mourus, Soliman! mais, sans te démentir,
Et ton cœur fut le même à son dernier soupir.

Tout se décide alors. La victoire, incertaine,
Aux drapeaux des Français d'elle-même s'enchaîne.
Cette troupe immortelle, espoir de l'Orient,
Dément son nom fameux, et fuit en frémissant.
C'est en vain qu'Emiren veut arrêter sa course.
« Où fuyez-vous, amis? N'est-il plus de ressource?
» Vous livrez votre chef au pouvoir du vainqueur!
» Retournez au combat.... secondez ma fureur;
» Au milieu des périls songez à 'a patrie,
» Le chemin de l'honneur est celui de la vie ».

Son exemple et ses cris raniment ses guerriers.
Tissapherne, couvert des plus brillans lauriers,
Tissapherne respire, et dans cette journée
A souvent signalé sa haute destinée.
Plus de mille Chrétiens sont tombés sous ses traits.
Renaud s'offre à ses yeux, souillé d'un sang épais.

Mais il le reconnaît, quoique sa cotte d'armes
Ait perdu son éclat au milieu des alarmes:
« Il luit enfin, dit-il, ce jour tant souhaité;
» Ciel! daigne réchauffer mon intrépidité.
» La mort de mon rival manquerait à ma gloire;
» Armide d'un souris honore ma victoire.
» L'hommage t'en est dû.... ». L'Infidèle à ces mots
S'élance avec fierté sur le jeune héros;
Le désespoir l'aveugle, et sa main égarée
Ne peut jamais porter une atteinte assurée;
Son sang coule, et Renaud défendu par l'airain,
Oppose à ses efforts un front calme et serein.
Non loin de ce combat, Armide sans défense,
Des peines de son cœur nourrit la violence.
Déjà la solitude est autour de son char;
Elle abhorre le jour.... elle maudit son art.
Il lui semble déjà qu'un vainqueur implacable
Appesantit sur elle une main redoutable.

C'en est fait.... la terreur s'empare de ses sens;
Elle fuit.... Mais l'amour, plus léger que les vents,
Plus perçant que le dard qui dans l'air se déploie,
L'amour vole avec elle, et s'attache à sa proie;
Tissapherne la voit.... Tel Antoine autrefois
Au trop heureux Octave abandonnant ses droits,
Des combats d'Actium quitta l'affreux théâtre,
Et suivit sur les mers la belle Cléopâtre.

CHANT XX.

Infidèle à l'honneur, mais fidèle à l'amour,
L'infortuné s'abuse, et se perd sans retour.

ÉGARÉ, furieux, le Sarrazin farouche
Veut parler; et les mots expirent dans sa bouche.
Il lève sa massue, et d'un bras meurtrier
Fait pencher un moment la tête du guerrier;
Telle dans l'antre ardent, retraite du Cyclope,
L'enclume retentit sous les coups de Stérope.
Mais Renaud se redresse.... Ainsi sur le Liban,
Battu par la tempête et le fougueux Autan,
Le cèdre audacieux s'incline vers la terre,
Plie, et bientôt s'élève au séjour du tonnerre.
Tissapherne frémit, et Renaud raffermi,
D'une nerveuse main saisit son ennemi,
Le menace, l'ébranle, et perçant son armure,
Il lui fait dans le sein une large blessure.
Frappé du coup mortel, ce héros chancelant
Baisse son front chargé d'un casque étincelant.

RENAUD cherche par-tout des Chrétiens à défendre:
Par-tout ils sont vainqueurs.... Un sentiment plus tendre
Vient alors succéder dans son cœur alarmé
Aux mouvemens divers qui l'avaient enflammé.
Armide a disparu. La pitié l'intéresse
Au déplorable sort de la belle princesse.

Jadis il lui jura d'être son chevalier,
Et son cœur généreux est loin de l'oublier.
Il marche sur ses pas. Dans un lieu solitaire
Armide cependant déplorait sa misère ;
Elle jette son arc, son carquois et ses traits,
Et dans ces mots touchans exhale ses regrets:

« Que ferais-je aujourd'hui de ces armes fragiles ?
» Hélas ! contre mes maux elles sont inutiles.
» O vous, qui n'avez pu me soustraire aux revers,
» Restez, dards impuissans, au fond de ces déserts.
» Si de l'ingrat Renaud vous respectez la vie,
» Osez percer le sein d'une femme avilie;
» Je le livre à vos coups.... Rempli du même amour,
» Modérez son excès en m'arrachant le jour.
» Amour ! fatal Amour ! abandonne ta proie ;
» Mes maux sont-ils encor la source de ta joie ?
» Que te faut-il de plus ? ton funeste poison
» Plus que jamais, hélas ! égare ma raison.
» Ce cœur, cédant toujours au charme qui l'entraîne,
» Trop plein de ton pouvoir se refuse à la haine.
» Laisse-moi respirer.... Que ton pâle flambeau
» Cesse de m'éclairer sur les bords du tombeau.
» Si j'ai cédé long-temps à ton ardeur fatale,
» Du moins ne me suis pas dans la nuit infernale.
» Dieu cruel ! à ce prix j'oublirai tes forfaits....

» Dans l'empire des morts je vais chercher la paix....
» Qu'ai-je dit! c'est donc là qu'Armide doit descendre!
» Sans doute, et mon bonheur va naître de ma cendre.
» Oui, mon ombre, quittant le séjour ténébreux,
» Viendra troubler l'ingrat dans des songes affreux;
» Il verra ce que peut une amante outragée....
» De quel poids tout-à-coup mon ame est soulagée!
» Je vais donc me venger... ». Alors dans son carquois,
Du trait le plus perçant sa main a fait le choix;
Elle va se frapper: soudain Renaud arrive.

Il arrête son bras.... Etonnée et craintive,
Armide se retourne. Elle l'a vu.... grands dieux!
Le voile de la mort s'épaissit sur ses yeux;
Elle tombe sans voix, immobile, épuisée,
Tel un lis se penchant sur sa tige brisée.
Mais Renaud la soutient. Des pleurs du sentiment
Il mouille son beau sein et son front pâlissant.
A leur douce chaleur Armide se réveille;
Telle dans nos jardins quand l'aurore vermeille,
D'une nouvelle ondée épanche les bienfaits,
La rose languissante a repris ses attraits;
Elle ouvre son calice aux pleurs de la déesse,
Boit leur suc amoureux, se pare et se redresse:
Un coloris plus pur, un nouvel incarnat,
Relèvent de son sein la fraîcheur et l'éclat.

Telle Armide renaît. Soulevant sa paupière,
Trois fois elle gémit de trouver la lumière,
Trois fois son œil se ferme à la clarté du jour,
Et veut fuir cet objet et de haine et d'amour.
S'il commit un forfait, son repentir l'efface;
De ses bras vigoureux il l'étreint et l'embrasse.
Elle veut échapper à ces liens jaloux,
Que dans de plus beaux jours elle trouva si doux.
Vains efforts; le dépit ajoute à sa faiblesse.

« Ainsi donc te jouant de ma crédule ivresse,
» Tu m'offres sans pudeur ton aspect odieux !
» Barbare! réponds-moi, qui t'amène en ces lieux?
» Viens-tu pour insulter à ma flamme trahie,
» Et me donner la mort en prolongeant ma vie?
» Que m'importe aujourd'hui ton stérile secours?...
» Ah ! sans doute ta gloire a besoin de mes jours.
» Pour celle d'un héros tout devient légitime :
» Il te faut à loisir, immolant ta victime,
» La montrer en triomphe aux peuples étonnés,
» Parmi ces vils captifs à ton char enchaînés.
» Ce n'était point assez que ton ame perfide
» Eût troublé la jeunesse et le repos d'Armide;
» Jadis ton plus beau titre était d'avoir son cœur,
» Il te manque à présent celui de son vainqueur.
» Tu t'en flattes en vain; apprends à me connaître:
» Si mon art impuissant ne peut rien contre un traître,

CHANT XX.

» Je me reste du moins ; et dans mon désespoir,
» Il est d'autres moyens que j'ose concevoir ;
» Sensible à mes revers, le ciel me les inspire....
» L'ingrat ! comme il jouit de mon affreux délire !
» Dans ses piéges trompeurs comme il veut m'égarer !...
» Croit-il que des sermens puissent me rassurer » ?

RENAUD mêle ses pleurs à ceux de la princesse.
« Armide, lui dit-il, un tel soupçon me blesse.
» Mon cœur n'a point encore oublié tant d'appas ;
» Le devoir, tu le sais, m'appelait aux combats.
» Mais, vainqueur, à tes pieds ma flamme me ramène,
» En esclave soumis je rentre dans ma chaîne.
» Qui, moi, ton ennemi ? moi, te fuir sans retour ?
» Ah ! pour te pardonner il faut tout mon amour ».

SES soupirs, ses accens désarment sa colère.
Tel on voit au printemps le dieu de la lumière,
Dissoudre par degrés, au feu de ses rayons,
Ces longs tapis d'albâtre étendus sur les monts.
« Dieux !... Renaud... se peut-il ?... me serais-je abusée ?
» Ingrat ! te repens-tu de m'avoir méprisée ?
» Tu me serais rendu !.... Je pourrais m'enivrer
» Du charme que mon cœur n'osait plus espérer !
» Aisément à ta foi mon ame s'abandonne :
» Je respire l'amour dans l'air qui m'environne ;

» Pour consacrer sa gloire, il sembla me former,
» Quel baume consolant vient de me ranimer !
» Je te retrouve enfin.... Tu brûles de me plaire ;
» Sois le dieu que j'adore et l'astre qui m'éclaire !
» Dispose de mon sort, règle tous mes desirs :
» Parle, ordonne, tes lois seront mes seuls plaisirs.
» Ton amante aujourd'hui bénit sa destinée ;
» Celle qui vit pour toi n'est plus infortunée ».

CEPENDANT Émiren jette au loin ses regards.
Tout offre à l'œil surpris les cruautés de Mars ;
Il voit ses compagnons renversés sur l'arène,
Son désespoir l'égare et l'abuse et l'entraîne....
Il desire la mort.... Abattu, furieux,
Il marche.... quand Bouillon se présente à ses yeux.
Ce héros, tout souillé de sang et de poussière,
Cherche encor dans le camp quelqu'illustre adversaire.
Émiren, aveuglé par son destin fatal,
Provoque la fureur de ce digne rival.

« GODEFROI, lui dit-il, c'est toi que je défie ;
» Viens tomber sous mes coups, ou m'arracher la vie ».

ILS s'élancent tous deux, enflammés de fureur....
De cet affreux combat comment peindre l'horreur ?
L'excès du désespoir soutient seul l'Infidèle.
Sous l'effort de son bras Bouillon d'abord chancèle ;

CHANT XX.

A l'instant qu'il s'incline et découvre son flanc,
Le glaive d'Emiren s'abreuve de son sang ;
Godefroi se redresse, et d'une main rapide,
Lui plonge dans le sein son acier homicide.
La pâleur du trépas sur ses traits se répand ;
Il tombe, se relève, et meurt en blasphémant.

Non loin de ces guerriers, le vaillant Altamore
Contre mille Chrétiens se défendait encore ;
Mais Bouillon fait cesser ce combat inégal.
« Altamore, dit-il, je suis leur Général.
» C'est à moi que tu peux sans offenser ta gloire,
» Rendre ce fer fameux par plus d'une victoire.

« — Je cède à ta valeur.... cet hommage t'est dû ;
» Pour la première fois Altamore est vaincu.
» Mon épouse bientôt, acquittant mes promesses,
» Pour prix de ma rançon t'offrira mes richesses.
» Garde tous ces trésors, lui répond Godefroi ;
» Un trafic si honteux est indigne de moi.

Il dit, et le confie à sa garde fidelle.
Ce jour remplit enfin la justice éternelle ;
Il n'est plus d'ennemis. Le sang de toutes parts
Coule sur des trésors confusément épars.
Des Chrétiens triomphans le camp devient la proie ;
Ces tentes où brillaient l'or, la pourpre et la soie,

Ces vases fastueux, ces superbes tapis,
N'offrent plus aux regards que d'informes débris.

Mais le jour luit encor. Plein du feu qui l'anime
L'intrépide Bouillon s'avance vers Solime.
Il entre dans le temple, et ses vaillans guerriers
Au Dieu de l'univers présentent leurs lauriers.
Humblement prosternés, les yeux baignés de larmes
Sur la tombe sacrée ils dépouillent leurs armes,
Et dans un saint respect leurs cœurs reconnaissans
Elèvent jusqu'au ciel un légitime encens.

FIN.

A PARIS, DE L'IMPRIMERIE DE CRAPELET,
rue de la Harpe.

www.ingramcontent.com/pod-product-compliance
Lightning Source LLC
Chambersburg PA
CBHW070537160426
43199CB00014B/2278